★对着困难摇头，就无权在胜利面前点头微笑。

困难，是动摇者和懦夫掉队回头的便桥，更是勇敢者前进的脚踏石。

弘扬吃苦精神
争做优秀员工

HONGYANGCHIKUJINGSHEN
ZHENGZUOYOUXIUYUANGONG

张力杰◎编著

中国言实出版社

图书在版编目(CIP)数据

弘扬吃苦精神　争做优秀员工/张力杰编著.
—北京:中国言实出版社，2012.1
ISBN 978-7-80250-691-6

Ⅰ.①弘…
Ⅱ.①张…
Ⅲ.①企业—职工—职业道德
Ⅳ.①F272.92

中国版本图书馆 CIP 数据核字(2011)第 240457 号

出版发行　中国言实出版社
地　址:北京市朝阳区北苑路 180 号加利大厦 5 号楼 105 室
邮　编:100101
电　话:64924716(发行部)　64924735(邮　购)
64924880(总编室)　64914138(四编部)
网　址:www.zgyscbs.cn
E-mail:zgyscbs@263.net

经　　销　新华书店
印　　刷　北京绿谷春印刷有限公司
版　　次　2012 年 1 月第 1 版　2012 年 1 月第 1 次印刷
规　　格　710 毫米×1000 毫米　1/16　13.5 印张
字　　数　165 千字
定　　价　32.00 元　ISBN 978-7-80250-691-6/F·392

PREFACE

前言

吃苦耐劳可以说是人生立业之本，也是古今中外一切成功人士共同具备的优良品质之一。无论何时，那些能成就一番事业的人，无一不是脚踏实地，勤勤恳恳，吃苦耐劳的人。这很值得每一个希望事业有成的人思索、效仿。

拥有吃苦耐劳的精神，才能真正地肩负起自身的责任，尽职尽责地把工作做好。当我们拥有吃苦耐劳的精神后，才敢于勇于面对工作中的难题，有效地解决工作中出现的问题，为企业的发展奉献出自我的力量。当我们拥有了吃苦耐劳的精神，便能在工作中保持积极主动的态度，把企业的事当作自己的事，要求自我把工作做得更好……可以这么说，吃苦精神是一种责任，是一种要求，更是一种勇气。事实上，在现今的职场中，企业最喜欢、最欢迎的就是拥有这种吃苦耐劳精神的员工。一些相关媒体的报道也为此提供了旁证：一些用人单位在招录新人时表达了这样一个共同的观点，我们要的并不是只有高学历的人，更需要的是那些在工作中能吃苦、肯从小事做起的真正的优秀人才！

令人遗憾的是，随着社会的发展与进步，人们生活水平的提高，这种优良的品质却在许多人身上越来越难以看到。一些人虽然希望能得到较好的发展，但因为缺乏吃苦耐劳的精神，虽然身在职场，却在很多时候身在曹营心在汉、这山望着那山高，难以安下心来踏实工作。结果一段时间过去了，大事干不来，小事做不好；单位换了很多个，水平和能力没长多少。凡此种种，都与心浮气躁、缺乏吃苦耐劳精神有关。

由此可见，在现今竞争激烈的环境中，是否拥有吃苦精神直接决定了一个人职场与人生的发展，同样也让我们看到，“吃苦精神”是一个人在职场中最强有力的竞争力。身在职场中的你难道不想得到更好的发展，成为深受企业所欢迎的职场红人吗？那么，就从现在开始，多一点吃苦精神，给自己更高的要求，用一个优秀员工的标准来要求自己吧！

《弘扬吃苦精神　争做优秀员工》结合当前职场的情况，引用贴近现实的案例，进行通俗化的解读，让身在职场中的我们更进一步明白吃苦精神的重要性，继而用更高的标准要求自己，在工作中做得更好，在推动企业发展的同时，成就自我职场的辉煌。

目录

Contents

第三章　任劳任怨，埋头苦干才能创出好业绩

即使没有一流的能力，只要有勤奋踏实的工作精神，也能将工作做好；反之即使你的能力无人能比，却缺少勤奋精神，则难以成就事业。

第四章　自动自发，敢于吃苦才能少吃点苦头

要想得到更好的发展，就必须把工作做得更好，这就需要在工作中始终保持积极主动性，发扬吃苦耐劳的精神，做好任何与工作有关的事。

第五章 顽强拼搏，具有战胜一切困难的勇气

工作中遇到困难、阻碍在所难免。只要拥有顽强拼搏的精神以及战胜一切困难的勇气，就能妥善地解决难题，顺利地完成工作任务。

第六章 关注细节，千万别把小事当成是麻烦

细节决定成败。工作中的每一个细节都会对最后的结果造成影响。要想把工作做得更好，就必须认真负责地面对工作中的每一环节，把每一个细节做好。

第七章 刻苦学习，积极主动提升自我的实力

“书山有路勤为径，学海无涯苦作舟”，不断提升自我的知识和技能，才能应对工作中层出不穷的问题，把工作做得更好。

第八章　吃苦耐劳，做永远忠诚于企业的员工

没有企业的成功就没有个人的成功。忠诚于企业，其实是对个人理想与价值的忠诚。要想成为职场中的精英，获得职场上的成功。就必须弘扬吃苦耐劳的精神，永远忠诚于所在的企业，把企业的事当成自己的事去做。

附　录

第一章　吃苦耐劳，优秀员工必备的精神品质

只有认真面对自己的工作，发挥不怕苦不怕累的精神，才能把工作做好，才能为企业带来发展，才能为自我发展奠定良好的基础。

1

优秀员工 VS 普通员工

优秀员工与普通员工之间最大的差距，并不是在于能力，而是在于前者有不怕吃苦的精神，而后者却害怕吃苦：

我们每个人都希望能在职场中得到较好的发展，成为公司内不可或缺的人物。然而令人遗憾的是，能真正做到这一点的毕竟是少数，为什么会这样？那些得到老板与上司器重的员工跟普通员工之间的差距究竟在哪儿？在这儿，让我们先来看一个实例：

周猛与杨晨是大学时的同学，毕业后，在一次招聘大会上，他俩同时被一家企业聘用。报到那天，公司领导亲自领着他们参观工厂。来到一个车间，公司领导对周猛、杨晨说："欢迎加入我们的企业，从今天开始，你们就是这个车间的工人了。"说完他把车间主任喊来，让主任给他们分配活儿，然后转身走了。周猛和杨晨还没回过神，车间主任就塞给他们一人一副手套，叫他们跟工人一起去搬铁块。

就在周猛犹豫时，杨晨说了一声"干活吧"，就已经弯下腰去搬铁块。这些铁块很沉，从来没有干过体力活的周猛只搬了几块，就大汗淋漓、气喘吁吁了。

安排他们做这样的重体力活，周猛觉得太意外了，刚来时的那份欣喜已消失得无影无踪。下班后，他们拖着沉重的双腿走出车间。周猛向杨晨提议："我们去找老总，向他问个明白，为什么让我们当搬铁工！"杨晨想了想，劝周猛说："老总又不是没看过我们的简历，他这样安排一定有他的道理。”杨晨不愿去，周猛也只好暂时忍耐了。从此，他们上班的地点，就是这个车间。他们的工作，除了搬铁块还是搬铁块。周猛心里的不平、不服，像野草一样疯长，觉得在这儿做搬运工不可能有出息。而杨晨看上去却很平静，也不发牢骚，还多次劝周猛：“既来之则安之。至少这个企业给了我们就业的机会，我们应该把工作做好，如果连简单的工作都做不好，我们还有什么资格与人家谈升职？”

周猛越来越看不惯杨晨了，觉得他安于现状，逆来顺受，没有闯劲，不像年轻人！

一个月就这样过去了。周猛刚想找老总，老总却来了，他说：“从明天开始，为你们换个新的岗位。”周猛一听十分高兴。哪想到，所谓的新岗位，是厂子里最危险最艰苦的车间——冶炼车间。周猛读了几年大学，到头来竟成了一名烧炉工，他心里能平衡吗？

好不容易熬到实习期满，周猛壮着胆把自己想换工作的想法说了出来，老总和颜悦色地问周猛：“你希望做什么工作呢？”周猛愣了愣，他只是对眼前的工作不满，至于自己到底能做什么，他还真的没有想过，就支吾着：“至少，不能总让我在车间里干粗活吧。”老总点了点头，一挥手说：“好吧，既然这样，你到质检科吧，担任质检员，怎么样？”周猛一听，心里暗暗高兴：“不管怎样，我到底不用干粗活了！”

周猛就这样进了质检科。而杨晨依然留在钢炉前，与通红的钢条打交道，没有任何被调动的迹象。周猛几次劝杨晨去提意见，杨晨总是微笑着说：“不必了，现在的工作挺好的！”

周猛真的不知道杨晨心里面到底是怎么想的。然而让周猛怎么也没想到的是，就在几个月后，公司任命了一批新的干部，其中就有杨晨。直到这时，周猛似乎才明白点什么。

从上面的事例中我们可以看到，优秀员工与普通员工最大的区别，并不是在于他们有没有能力把工作做好，而是在于以什么样的态度面对工作，是不是能够服从组织的安排，担负起工作所赋予他们的责任，即便是被安排到最苦最累的工作岗位，也要求自己把工作做好。

事实上，在现今这个时代，人与人之间的聪明才智，或者说是能力，并没有多大的差距。对任何一个身在职场中的人来说，他们不能把工作做好，原因就在于他们缺少吃苦精神，在工作中老是挑三拣四，一遇到困难就退缩，一看到工作环境不好、条件艰苦就抱怨不已。试想一下，他们抱有这样的心态能正确地面对工作，把工作做好吗？

那些优秀的员工却不会这样，他们都知道，工作中的艰苦是种常态，也就是因为如此，无论他们面对什么样的工作，即便是把他们安排到再苦再累的工作岗位，他们都会欣然接受，并且以一种积极的态度面对，把做好它当成是自己应该承担的责任。也就是因为这样，他们才能把自己的工作做好，并一步步地走向成功。

在看完上面的事例后，你是否知道了"吃苦"精神的重要性？同样也知道了优秀员工与普通员工之间根本的差异在哪儿了呢！一点没错，他们之间最大的差异就在于怕不怕"吃苦"，是不是拥有敢于吃苦，不怕吃苦的精神。事实上，只要我们稍稍留意就可以发现，那些深受老板器重的员工无一不是不怕"吃苦"的员工，恰恰也是这种不怕"吃苦"的精神成就了他们在职场上的优秀。

你难道不想在职场中得到很好的发展吗？既然如此，为什么不向那些优秀的员工学习，像他们一样拥有吃苦耐劳的精神呢？

【职场真理】

在这个世界上没有任何一份工作不需要我们付出努力，更没有哪一份工作我们轻易就能将它做好。如果我们缺少吃苦耐劳的精神，怕吃苦，不敢吃苦，是很难真正地完成工作任务，把工作做好的。

2

敢吃苦才能把工作做得更好

只有敢于吃苦，不怕吃苦，才能把工作做好，继而从普通迈向优秀。

只要我们稍稍留意，就能够发现这样一个事实：在现今的职场中，那些能得到不断发展的人，都是不怕吃苦、敢于吃苦的人。事实胜于雄辩，在这儿，就让我们来看一个真实的例子，看看曾在2010年被评选为“全国劳动模范”的王海是如何凭借吃苦耐劳的精神一步步走向成功的。

只有初中文化的王海，是齐齐哈尔轨道交通装备有限责任公司二货车间国际焊接技师。当年，他走上工作岗位时，为了尽快掌握好气体保护焊的焊接方法，可是花了不少心思，查资料、做试验，再查资料、再做试验……如此反反复复，重复着单一而枯燥的工作，有时为了找到一个合适的焊接电流，王海得反复试验好几天。为确保焊接工艺不走样，每次王海都要随身带一把小尺子，对每一个焊件、每一个细微的尺寸，一遍又一遍、一分一毫地进行严格测量，寻找最佳的焊接配比。很长的一段时间里，他膝盖上的血泡都一直没有好过，常拿焊条的两根手指上也结了一层厚厚的硬茧。大家常常打趣地说，王海身上有“三多”，那就是焊条比别人用得多、汗水比别人流的多、身上被烫出的伤疤比别人多。

正是靠着这种能吃苦、肯钻研的精神，王海很快掌握了气体保护焊的焊接方法，并形成了一套自己独特的焊接方式。平、立、横、仰全位置，高强钢、不锈钢、铝合金等多种有色金属均可操作，不仅焊接成型美观，而且工作效率极高。在2003年公司气体保护焊技能大赛中，他一举夺魁，获得电焊工种状元称号。大家开始对王海刮目相看了，于是请教他的人多了，向他学习技术的人多了，前来找他解决焊接难题的人也多了——“王海操作法”也应运而生了。

通过上面所叙述的事例，我们可以看出，要想在职场中做出更加优异的成绩，从普通走向优秀，就必须发扬吃苦耐劳，争当优秀的精神。

为什么这么说呢？

首先，我们要清楚这样一个事实，那就是我们现今社会最大的特色就是竞争非常激烈。我们要想在激烈的竞争中不断地发展，很显然，就要在竞争中获胜。如何做到这一点呢？很简单，我们要做得比他人更快更好。

在现今的职场中，虽说人人都希望能更好地发展，可惜的是，却总是缺少那么一点点的吃苦精神，以至于在职场上难以有所突破。现在，就让我们再来看一个事例：

小柯很幸运，在一次招聘会上被某大公司相中而被录用。这家公司可是当地非常有名的大公司，很多人都想去那里工作。因此，与小柯熟识的人对此羡慕不已，当然小柯也为自己能进这样的公司而感到高兴。

按照约定的时间，小柯带着满心的喜悦前来报到。可是没想到的是，他竟然被派到生产车间，做了一名技术工人——确切地说应该是给一位老师傅做助手。

听到这样的安排，小柯就像是从天堂掉到了地狱，感到有些不满，不过并没有说出来。

那种工作确实够苦够累的，一天下来，小柯累得全身发酸，浑身上下油腻腻的。下班后，回到家他不禁埋怨起来，觉得自己可能是选择错了。他想辞职，然而想到现在的职场竞争激烈，工作难找，暂且打消了这个念头，心想：先做着吧，等找到好工作再说。

于是，小柯便在这家企业留了下来。人虽然在这儿心却不知道上哪儿去了。对于老师傅吩咐他做的事，因为怕脏怕累，他是能拖就拖，往往是到了最后一刻才仓促应对。

令小柯没想到的是，试用期还没结束，自己就被公司婉转辞退了。

在今天的职场中，类似小柯这样的人不在少数，他们总是抱怨自己的工作，觉得自己难以得到较好的发展，一切都是因为现在所做的工作造成的，却从来没有去想自己是怎样对待工作的。

我们要想在职场中得到较好的发展，就必须把自己的工作做好，试想一下，如果在工作中我们总是嫌苦嫌累，又怎么能把工作做好呢？

【职场真理】

优秀的员工之所以优秀，就是因为他们跟普通员工相比，拥有不怕吃苦，争做优秀的精神，从而能把工作做得更好更到位。

3

没有责任心就没有吃苦精神

责任是永恒的职业精神。在责任感的驱使下，我们会积极挖掘自我的潜能，会更加勇敢、坚韧和执著，会充满激情地勤奋工作。

工作是人一生的使命所在，是人生内应该做的事情，强烈的责任心则是促使人采取行动，实现自我理想的信念和动力，是决定一个人行为取向和行为能力的关键因素。具有强烈责任心的员工，一心牵挂着工作，没有他人的督促，也能出色地做好工作。

职场中，那些深受老板与上司器重的优秀员工，他们在工作中无论遇到什么样的困难，不管条件多么艰苦都会努力地完成自己的任务，把工作做好，就是因为有强烈的责任心。事实上，那些在职场中得到不断发展的人，也是因为如此。

何小任是某家建筑公司的工程设计师，有一次被公司总部派驻广州工作。与总部轻松、自由的工作环境相比，广州的工作环境显得紧张、忙碌并有压力感，这让何小任很不适应。

何小任害怕吃苦向上司抱怨，认为广州的工作环境简直糟透了，自己就像是一只被关进瓶子里的昆虫，连呼吸都很困难。

“你真的觉得这样吗？”他的上司，一位很有才华的中年人听后，笑着问他。

“我……”何小任犹豫了一会儿，不知道该怎么说。

“那么，我问你一下，公司派你到广州来干什么？”

“我……”

“你有这种想法，我理解。但是，你想想看，在这个世界上有什么样的工作会像你想的那般顺利呢？还有，每一份工作都有着相应的责任，倘若你没有责任心，不敢承担责任的话，即便是让你去做你最喜欢的工作，最轻松的工作，我想有一天你同样会厌倦的……”上司语重心长地说道。

何小任犹豫了，想：我真的是一个不负责任的人吗？难道说我真的就……慢慢地，他似乎想通了。也就是从那一刻起，每当他感到劳累，觉得辛苦的时候，就会想公司派自己到这儿来干什么。

随着时间的推移，何小任渐渐发现周围的同事好像友善了许多，工作也越来越得心应手。当然，他再也不觉得这儿的工作环境是多么的糟糕了！

他顺利地完成了公司交付给他的工作任务。

从上面的事例中，我们可以看出，只有当我们有着很强的责任感，知道自己的责任后，才能认真地面对工作中所出现的问题，才会发扬不怕苦不怕累的精神，顺利地完成工作任务。可惜的是，在现实的工作中，有很多人因为缺乏责任感，怕吃苦，从而限制了自我在职场上的发展。不信的话，我们再看一个事例：

小强是一家糕点店的售货员。因为工作性质的关系，他每天都需要早起。当早晨的闹铃响过好多遍之后，小王才能勉强从床上挣扎起来，简单的洗漱之后，也顾不上吃早饭，就急急忙忙去赶公交车。他几乎每天都在想：天天早上都得这么早起来，如果用不着上班该多好。

当他好不容易来到糕点店后，别的同事早就忙碌起来了，而他还会找机会让自己休息会儿，才慢慢地开始一天的工作。因为精神状态不佳，他常常会为顾客装错点心，也因此而遭到顾客的投诉，最糟糕的时候还会跟顾客发生口角。

开始的时候，领导还会找小王谈谈，让他多点责任心，做好自己的工作，但是不管领导怎么说，小王依然没有任何改变。后来领导也没办法，只得请小王离开这家糕点店。

每个公司都有像小王这样的员工，他们虽然能遵守公司所规定的上下班时间，每天都会按时上下班，但是他们这样做并非自愿，而是不得已而已。像这样的人缺少责任感，不能认识到工作所赋予的责任，工作始终处于一种被动状态，推一下才动一下，他们能将一些简单的事情做好就算不错了，又怎么能积极主动地去面对工作中的困难，把工作做得更好呢？

没有强烈的责任心，就不可能真正发扬不怕累不怕苦的精神，把工作做得更好。可以这么说，没有责任心，我们难以真正地拥有敢于吃苦的精神，难以在工作中发挥主动性，进而取得更好的工作业绩。

有许多人在工作中有拖延的习惯。他们之所以会养成这样的习惯就是因为责任心不强，害怕吃苦。小郑就是这样的员工。

小郑是一家文化传播公司的文字编辑，其主要的工作就是在一定时间内将相关的文字内容组成一部书稿。按照正常的时间计算，编辑一本稿件所花费的时间大概是一个半月左右。但是小郑编辑一本稿子的时间往往要超出正常时间的两三倍，而且稿件的质量也很难达到图书出版的标准。

为什么会出现这种情况呢？公司领导难以理解，因为小郑刚进公司时工作很认真踏实。于是公司便派他的上司与其进行沟通，但最终没能找出根本原因。

一天，到了下班时间，上司来到准备下班的小郑面前，督促工作进展。

“工作进展到什么程度了？”上司问。

“快了，马上就能做好了！”小郑爽快地回答。

难道经过几次谈话小郑真的有所改进了？上司让小郑将稿

件拿出来看看，但实际情况却与小郑说的相差甚远。

“你什么时候才能完成这本稿子？”上司继续问道。

“很快，这件事做起来很简单，只要从明天开始稍微多做一点保证能在规定的时间完内成！”小郑还在解释。

在现实的工作、生活当中类似小郑这样的职员比比皆是。他们害怕吃苦，吝啬付出，今天的工作拖到明天做，实在没办法才突击一下，这样又怎能做好工作，为自我在职场上的发展奠定良好的基础呢？

当我们拥有了强烈的责任心后，就不会出现上述情况了。事实上，一名普通员工要想从普通到优秀，让公司重用，首先应该拥有一颗强烈的责任心，否则的话，肯定做不好基本的工作，肯定做不出卓越的成绩。因为，只有拥有强烈责任心的人，才会勤于付出，不怕吃苦，积极主动地认真工作，优质高效地做好工作。

【职场真理】

一个对工作高度负责的人，无论在什么地方工作，都会认为自己所从事的工作是一项神圣的职业；无论遇到什么困难，都会全力以赴，尽职尽责地去完成它。

4

勤奋是吃苦耐劳的最佳体现

想要成为公司不可或缺的人才，想要获得更高更好的职位，想要领取更多的薪水，第一是勤奋工作，第二是更加勤奋工作。

无数的事实证明：成功的最短途径是勤奋。弘扬吃苦精神，就是要求我们更为勤奋地工作。勤奋，可以说是吃苦耐劳精神的最佳体现。同样，也是我们在职场中能得到更好发展的保障。在我们的身边，那些深受老板或上司重视，并得到较好发展的人莫不是如此。

阿乐大学毕业后，到一家出版公司工作。当时的他，一没工作经验，二对公司各个部门的业务还不够熟悉，有很多东西需要他去学习，他的能力和水平也有待提高。对于这些阿乐心里很清楚，他明白自己身上的不足之处。当时出版公司正在编辑一套丛书，每个人都很忙，经理更没有时间给阿乐安排具体工作，于是阿乐成了"万金油"，业务部、编辑部、印刷部……哪里需要他就上哪儿。

"你真是个傻瓜，让别人使唤来使唤去的，做了那么多事，最后到哪儿领奖金都不知道。"有人这样嘲笑阿乐。

"你真是没出息，每天做得比谁都多，却尽是一些鸡毛蒜皮的事，你这样做再长时间也没有成果。"也有人这样挖苦他。

的确，阿乐做的事很琐碎，包书、送书、取书、邮寄、联络……这些事情，表面上看的确不值得一个大学生全身心投入。

然而，阿乐并没有受他人的言语影响，依然认认真真地把每一件交付给他的工作做好。在他看来，这些工作虽然琐碎，但是对自我能力的提高却是一个很好的机会。他更相信，只要自己的能力得到提升后，就会有一个更为美好的将来。

果然，在这套丛书顺利出版后，阿乐被提升为编辑部的主任。对于公司的这个决定，很多人都感到意外。公司老总的一番话却让大家幡然醒悟："阿乐在每天的工作中，不论对于哪件事，他都要比别人多做很多，他每天都在进步。现在不仅仅有能力做好所有部门的工作，更熟悉工作中的每一个流程。这一点，整个公司没有一个人比得上他。"

只有有能力才能创造出更为优异的业绩，而将自己投入到实际的工作中，则是提升自我能力的最佳通道。阿乐的职场故事告诉我们：想在激烈的竞争中脱颖而出，我们就必须让自己更为勤奋地面对工作，在工作中提升自我的能力。

卡洛·道尼斯先生最初为杜兰特工作时，职务很低，现在已成为杜兰特先生的左膀右臂，担任其下属一家公司的总裁。他之所以能如此快速地升迁，秘密就在于他在工作中比其他人更为勤奋。

他说："五十年前，我开始踏入社会谋生，在一家五金店找到了一份工作，每年才挣 75 美元。有一天，一位顾客买了一大批货物，有铲子、钳子、马鞍、盘子、水桶、箩筐等等。这位顾客过几天就要结婚了，提前购买一些生活和劳动用具是当地的一种习俗。货物堆放在独轮车上，装了满满一车，骡子拉起来也有些吃力。看到这种情形，于是我决定帮这位顾客送货。当然送货并非我的职责，而完全是出于自愿——我为自己能运送如此沉重的货物而感到自豪。一开始一切都很顺利，但是，车轮一不小心陷进了一个不深不浅的泥潭里，费尽力气却仍然推不动。一位心地善良的商人驾着马车路过，用他的马拖起我的独轮车和货物，并且帮我将货物送到顾客家里。在向顾客交付货物时，我仔细清点货物的数目，一直到很晚才推着空车艰难地返回商店。第二天，那位商人将我叫去，告诉我说，他发现我工作十分努力，热情很高，尤其注意到我卸货时清点物品数目的细心和专注，因此，他愿意为我提供一个年薪 500 美元的职位。我接受了这份工作，并且从此走上了致富之路。"

从这个故事中，我们不难看出，卡洛·道尼斯先生的成功秘诀就是勤奋。这个道理看似简单，但是它意义很深刻。因为，只要你不怕苦不怕累，每天坚持多做一点，你就会每天都比前一天进步一点点。千万不要小看每天点滴的进步，日积月累下来，就会积沙成堆，积水成河，对你以后的发展所起的作用大着呢。

勤奋，并不是要你每天都工作到深夜，更不是要你 24 小时始终都在工作。事实上，只要我们在平时比别人多做一点，多付出一点的努力就已经是在勤奋工作了。只要我们能做到这一点，不仅仅会让我们的能力在实践工作中得以很好的提升，同样还会让我们获得比其他人更多的成功机会。下面的事例会让我们更好地了解到这一点：

某个周末的晚上，在沃尔玛快要关门的时候，有一家四口走进了沃尔玛设在夏季旅游景点的一家商店。店员凯丽是一个很热心的姑娘，她把他们迎进店里，询问他们需要什么帮助。原来这家人刚刚来到自己的夏季别墅，却发现没有水，他们急需买根水管。凯丽领他们到卖管道的柜台，可是并没有他们需要的水管。这事要在其他商店里，在下班的时候，多数店员会说："对不起，我们这里没有您要的水管……到其他商店问问吧，再见！"但在凯丽没有这样。凯丽打了几个电话，在一家管道商那里找到了他们需要的水管，又和另一个店员吉姆陪着客户到了管道商那里，挑出了合适的管子，送到了这家人的别墅里，并且帮忙把水管安装好，看到水管里流出了水，才离开别墅，这时已是午夜12点多了。

沃尔玛店员的热情服务，使这家人在经过长途旅行后可以舒适地享受一下。他们感叹道："没有见过这样的店员！"

对于顾客的夸奖，吉姆事后闲聊时把这件事说给了凯丽的上司听，上司感到有点惊讶，于是暗地里对她进行了一番观察，发现这位员工处理事情很能为顾客着想，乐意为顾客多做一些分外的事，深得顾客的喜欢。而这样的员工，正是沃尔玛最需要的。到年底的时候，凯丽获得了职位提升，薪水也随之增加了。事后，凯丽高兴地说："我每天服务顾客，力争能为顾客多做一些分外事。让顾客满意的同时，我自己每天也进步了不少。"

凯丽之所以会得到升职加薪的机会，其实就是在于比别人多做一点点而已。

可以说，只要我们不辜负工作，在工作中，愿意每天都勤奋努力，每天都追求有所进步，那么工作最后也不会辜负我们的。

【职场真理】

勤奋，并不是要求我们一天24小时都在不停地工作，其实我们在工作中多做一点，多付出一点，同样是勤奋工作的一种表现。

5

敢于吃苦的人从来不会抱怨

抱怨，对你的工作和生活不但毫无帮助，还会让你成为人们心中的讨厌鬼。

我们身边总有这样一群人：总是喜欢抱怨，抱怨公司的老板不重用自己，抱怨工作时间过长，抱怨公司管理制度过严，抱怨薪水太少……就如下面故事中的这位年轻人：

有一个年轻人刚参加工作不久，因为工作很普通，所以他一直不满意自己的工作。他总觉得自己是干大事的人，像目前这样简单的工作对自己来说就是大材小用，于是他逢人便抱怨自己的工作，抱怨自己的公司。

有一天，年轻人找到当地最显赫的成功人士，向他请教有关成功的秘诀。成功人士要求他先介绍一下自己。于是，年轻人用了很长一段时间讲述自己的良好品质以及目前的工作情况。当然，他说的最多的就是自己多么不得志、不受重用。

成功人士听了年轻人的介绍后，针对他的实际情况，提出有关工作态度和职业方向的建议，但是年轻人并不愿意接受，他觉得自己态度没有任何问题，没有成功完全是由外部环境造成的。他没有遇到一位知人善用的好上司，没有遇到发展的好机会。他一直强调：凭借自己的聪明才智一旦遇到好的机会必定会有一番大作为。无论成功人士怎么引导，年轻人总是在不停地抱怨。

成功人士很无奈，于是他拿起自己身边的茶壶，慢慢地往年轻人面前的茶杯中倒茶。直到茶杯满了，茶水溢了出来，成功人士也没有停止倒茶的这个动作。年轻人慌乱地说：“别倒了，水都流出来了！”

这时，成功人士意味深长地看了年轻人一眼，不紧不慢地说：“人心就像这只茶杯，如果里面装满了抱怨和不满，还能装下其他东西吗？你现在就像这只盛满水的茶杯。”

年轻人恍然大悟。

这个故事告诉我们：如果过度地去关注一些不如意、不顺心的事情，你会感到工作很累、很吃力。从心理上来说，你会感到麻烦的事情越来越多地围绕在你身边，不断地纠缠着你。相反，你转换一种心情，抱着感恩的心去注意每一件事，你会觉得这些都是小事，是自己理所当然该做的。

的确，偶尔的抱怨会赢得一些人的理解，使自己的内心压力暂时得到一定的缓解。但是，持续的抱怨会招来周围同事的厌烦，最主要的是会使抱怨的人在工作上产生消极情绪，会使自己与公司的理念格格不入，更使自己的发展道路越走越窄。

那些吃苦耐劳的优秀员工告诉我们，千万不要将时间浪费在抱怨上，那是得不偿失的。我们应该加强自我的责任心，不怕吃苦，乐于付出，将全部的精力放在自己的工作上，多关心一下自己工作是否做得接近完美，哪里还需要提高。将抱怨化为感恩，工作的心情和工作的结果将大不相同。

小胡毕业于一所名牌大学，走出校园后他就在一家知名企业做一名普通职员。起初，因为自己的工作过于普通和死板，他总是抱怨怀才不遇、无人重视、无人欣赏。世上没有不透风的墙，这些抱怨的话终于传到了上司的耳朵里。幸运的是小胡的上司知道小胡有一定的能力，于是，他找到小胡，对他说了一番话：“公司很重视人才，但公司更重视员工是否有一颗感恩的心，是否敬业。你有过人的能力我明白，但你的锐气需要磨一磨，明白吗？”

小胡听后深受启发，从此他便开始踏踏实实、努力地工作。经过一段时间的打磨，他各方面表现都不同凡响，成绩卓著，为公司立下了汗马功劳，职位也从普通职员升为了部门经理。

从上面的事例中，我们可以看出，只有当我们拥有了不怕吃苦，乐于奉献的精神，勇敢地担负起工作所赋予的责任，我们才能把工作做好。

从现在开始起，让自己多一份责任感，多一点吃苦的精神，因为这才是我们在职场中得到发展的最有效的途径。你要知道，抱怨是一种无能的表现。抱怨只能说明你在面对困难时，害怕吃苦，是在寻找借口为自己开脱，只能让你离优秀越来越远。下面故事中的邵兵就是因为如此，才使他工作了五年还没有什么成就。

在一次家庭聚会上，邵兵见到了多年未见的大伯。大伯是位事业有成的人，在国内和国外都有一番自己的事业，他是邵兵最崇仰、最尊敬的人。

见到大伯之后，邵兵很高兴地向大伯问好，可是，当大伯问到他的工作情况时，他却显得闷闷不乐。他想到自己毕业5年了，却一直没有任何成就，感到很没有面子。大伯看出邵兵肯定在工作上有些不顺利，于是主动跟他交谈。

大伯问他："你现在做什么工作？工作如何？"这一问，引发了邵兵满肚子的委屈。

邵兵说："我没有想到我的工作竟然如此不如意，我一点都不喜欢现在的工作，整天无所事事，完全就是在浪费生命，而且根本没机会展示自己的才能，更得不到公司的重用。工资也很低，只能维持基本的生活。"

大伯吃惊地问："你真的不满意自己的工作吗？是不是在工作中总是提不起兴趣，更不想去做？"

邵兵回答："是啊，我没有什么事情可做，又找不到更好的发展机会，只能这样先干着再说了。"

大伯听后，很严肃地说道："其实并不是你的工作真的很糟糕，而是现在你被自己的思想限制住了。你总是认为工作状况不好，这种想法已经深埋在你脑中，如此一来，你的心里就会充满抱怨，抱怨自己的工作现状。这样的话，你还能有什么作为呢？"

接着大伯又说道："世界上没有完美的工作，人在职场上打拼，难免会碰到困难，这个时候，如果你只是一味地抱怨，抱怨自己的工作不好、公司制度不合理、工作没前途，只能让你丧失更多成功的机会，抱怨会削减你的工作热情，让你看不到工作的意义，使你陷入迷茫之中。”

邵兵听了大伯的话，豁然开朗，终于明白了长期以来事业无法获得突破的瓶颈所在。

一位伟人曾经说过：“有所作为是成功人士的追求，而抱怨则是无所作为的平庸之辈的温床。”确实，任何的抱怨都是无济于事的，只有敢于担负责任，不怕吃苦，才能改善处境，成为自己的主人，下面故事中的王晨就用实际行动向我们做出了一个好榜样。

1992年初，摩托罗拉刚在我国起步。王晨毅然放弃一份高薪工作，去了摩托罗拉。

刚到摩托罗拉的时候王晨傻眼了，黑人上司的做事风格完全颠覆了他以往的办事模式。

在交代工作任务时，上司从来不会告诉王晨怎么做，只说要达到一个什么目的。然后让王晨想出方案给他。当王晨将方案交给他之后，他却又会问：“你有没有另外一个选择给我呢？”

当王晨在工作中遇到问题，向上司汇报时，上司却说：“不要到我面前说我有一个问题，而要说对于这个问题，我的解决方案有1、2、3个，这是你要做的工作。”

这些都是王晨以前在工作中没遇到的情况，但是他并没有因此而抱怨，而是积极主动与上司交流沟通，慢慢地王晨觉悟了，原来工作应该是这样做的。他将上司的要求总结出了两点：一是员工只能提供答案，不能向上司提问题；二是要给上司提供多种解决方案，且不容商量。

通过一次次出色地解决问题，王晨最终成了摩托罗拉中国电子有限公司市场推广部经理。

想想看，如果王晨在上司提出要求之后，害怕苦难，抱怨上司的苛刻，恐怕他会在遇到麻烦时会把问题丢给上司，又怎么会为上司提供一些较好的解决方案呢？同样，他也不可能取得以后的成就。

【职场真理】

抱怨和不满，给职场中的你不会带来任何的益处，只会让你拥有更多的抱怨和不满，让你难以正确地面对自己的工作。

6 不怕吃苦就是敢于接受有难度的工作

成功永远属于不怕吃苦，敢于战胜困难的人。

不怕吃苦，我们还要敢于接受有难度的工作，敢于向有难度的工作挑战。在很多时候，我们的人生难以有所突破，就是因为怕苦怕累，不敢于接受有难度的工作，而限制了自我的人生发展。

你认为全身高度瘫痪的人，能够做出惊天动地的成绩吗？霍金就做到了。

> 霍金曾经是一个正当青春年华的小伙子，但在20岁的时候，他患上了卢伽雷氏症（肌萎缩性侧索硬化症）。之后，他口齿不清，行动不便，一生只能与轮椅为伴，他成为了一名残疾人。但他却克服了种种困难，最终成为国际物理界的超级大师。他超越了相对论、量子力学、大爆炸等理论而迈入创造宇宙的“几何之舞”。尽管他瘦弱的身躯被限制在轮椅上，他的思想却无比自由地遨游在广阔的时空，解开了宇宙之谜。
>
> 20世纪70年代，他与彭罗斯一起证明了著名的奇性定理，为此他们共同获得了1988年的沃尔夫物理奖，他也因此被誉为继爱因斯坦之后“世界上最著名的科学思想家”和“最杰出的理论物理学家”。后来他还证明了黑洞的面积定理。
>
> 他的成就让世界震惊。当记者问他是什么力量使他获得了这些举世瞩目的成就时，霍金说：“我要证明一个真理，那就是不可能也会变成可能。”

成为霍金也许对于我们来说太难了，但是成为一名优秀的员工，对于我们健康的人来说是很容易的。

一个人凭着自身的勇气，可以到达任何所向往的正当目标。只要具有一种把不可能变为可能的勇气，工作中的任何困难都会消失殆尽，只要敢于挑战，就有希望战胜困难，创造奇迹。

不可能的事并不代表一件事有多复杂、多棘手，也许它就是一件平平常常的小事，小事做一次我们感觉很容易，但是每天都要这样做你能办到吗？这就成了不可能的事，但是又有人做到了这种更不可能的事。

布莱克是一位优秀的邮差，说他优秀并不是因为他在这个职位上做出了什么惊人的举动，只是因为他勤勤恳恳、认认真真，日复一日做着邮差这件事。

在他所服务的区域里，不论是服务业还是制造业的人，不论是在高科技产业还是在医疗行业的人，都喜欢与布莱克打招呼。

他的服务故事也被广为流传，例如为一位演说家服务的故事：

“我的名字是布莱克，是这里的邮差，我顺道来看看，向您表示欢迎，介绍一下我自己，同时也希望能对您有所了解，比如您所从事的行业。”布莱克中等身材，蓄着一撮小胡子，相貌很普通。尽管外貌没有任何出奇之处，但他的真诚和热情通过自我介绍溢于言表。

演说家收了一辈子的邮件，还从来没见过邮差做这样的自我介绍，这使他心中顿觉一暖。

当布莱克知道演说家因为工作的关系，经常不在家时，布莱克希望最好能知道他的日程表，以便其不在家的时候可以把信件暂时代为保管。

起初演说家表示没必要这么麻烦，只要把信放进房前的邮箱里就好。但布莱克却提醒道：“窃贼会经常窥探住户的邮箱，如果他们发现邮箱是满的，就表明主人不在家，他们就可能为所欲为了。”

最后布莱克建议只要邮箱的盖子还能盖，他就把信放到里面，别人不会看出主人不在家。塞不进邮箱的邮件，他就把信件搁在房门和屏栅门之间，从外面看不见。如果房门和屏栅门之间也放满了，他就把剩下的信留着，等主人回来。

布莱克的服务精神震撼了演说家，之后当演说家每到一个地方进行演讲的时候，都会为大家讲述这件事情，以激励大家工作的热情。

当然，将不可能的事情变为可能仅凭一腔热情是办不到的。如果你想让自己拥有勇气，也想获得令人惊喜的成功，就要在以下三个方面有所作为。

(1)给予自己充分的肯定

在实际工作中我们肯定会接受到一些难度很大的工作。在这时你不应该说："太难了，我肯定办不到。"而是需要考虑有没有什么更好的办法能把事情做好。在事情还没有开始做时就否定自己，这是懦夫的表现。另外，如果你手头的工作量的确负荷太重，此时，上司又交给你另一项工作，你更要学会拒绝。例如，你可以说："可以，但是目前我手上的工作比较多，可能需要更多的时间才能将它完成可以吗？"当上司听了以后，就能了解到你的情况和态度，有可能因为赶时间再找其他人去做。

无论你面对什么样的挑战，如果在尝试后失败了，也是一种收获。当然，我们不能在失败后找出各种理由来为自己辩护，这只能让自己显得能力更低。此时，我们需要做的是总结失败的原因，在失败的基础上积累经验，当下次再遇到类似的任务时，我们一定会信手拈来。

总而言之，当你接受复杂性的工作时，切记不要否定自己，你要拿出把不可能的成功变为可能的勇气来，将工作圆满地结束。

(2)制定可行性的目标

有些人在工作当中浑浑噩噩，整天表现出一副无所事事的颓废状态，一般性的工作都做不好，更不用说具有挑战性的"不可能"的事情了。所以，你要给自己制定一个自己能达到的最高目标，用这目标激发自己的斗志，让斗志带动自己去努力实现这一目标，当这一目标实现的时候，再继续制定更高一级的目标，如此良性循环，再困难，再不可能的事情你都可以办得到。

(3)不断超越自我

超越自我是一件具有更高难度的事情，但如果你能将这件事做到，那工作中就没有什么困难的事可以把你难倒了。例如，可以自告奋勇地去请求做一些人人避之不及的工作。如果最终没有完成，也学到了宝贵的经验和重新认识了自我，而且也不会有人怪你，因为本来就没有人敢做那件事；一旦完成，这就是对你能力的很好证明，公司也会更加重视你，更加赏识你。

【职场真理】

态度决定命运，面对困难的工作你选择的态度，可能真的就会影响你未来的命运、你的职场前程。优秀的员工在面对这种状况的时候，要选择积极的挑战的态度，并且还要为此全力以赴。

7 做一个主动履行职责的人

优秀的员工都有着积极主动的品质。他们的这种积极主动不仅仅局限于一时一事，而是把它变成一种思维方式和行为习惯。

不怕吃苦，我们同样要有一种积极主动的精神，要求自己自动自发地把事情做好。

很久以前，有一个严厉的主人要到外国去，临行前他将仆人们叫到面前，给了他们每人一笔钱，一个给了5000塔拉（古犹太银币单位），一个给了2000塔拉，一个给了1000塔拉，随后主人便出国去了。

那个领5000塔拉的仆人，把这笔钱拿去做买卖，另外赚了5000塔拉；那个领2000塔拉的也照样赚了2000塔拉。但那个领了1000塔拉的仆人却在地上挖了个洞，把钱藏了起来。

主人回来后，那个领5000塔拉的仆人带着赚来的5000塔拉说："主人，您交给我5000塔拉，您看，我又赚了5000塔拉。"主人很高兴，让他一同坐下享乐。

那个拿2000塔拉的仆人也同样献上赚来的钱，获得了主人的赞许。

最后那个仆人上前说：主人啊，我知道您是很严厉的人，我害怕把钱弄丢，于是把您交给我的1000塔拉埋藏起来，请看，您原来的银子还在这里，分毫不少。”

主人道：“你这又笨又懒的仆人，既然知道我是严厉的人，至少应当把我的银币放到银行里，等到我回来时，可以连本带利收回来，怎么将银币埋藏起来？”

主人大怒之余，吩咐左右夺过他手中的1000塔拉，分成两份，分别交给有一万塔拉和四千塔拉的仆人，同时道：“凡有的，还要加倍给他，叫他有余；没有的，连他所有的也要夺过来。”

这个故事说的是“马太效应”，它具有非常大的现实意义，优秀员工就是那“有余”的人。因为他们比碌碌无为者拥有“有余”的智慧、能力和机遇。更为重要的是，他们之所以拥有这种“有余”，是因为他们能在没有“主人”命令的情况下，主动把5000塔拉变成1万塔拉，积极履行职责，从而逐渐拉开了与平庸者的距离。

所谓积极履行职责，就是不用别人告诉你，你都可以很好地完成工作，这点是优秀员工之所以优秀的最根本原因。确实，那些具有不怕吃苦，争做优秀的优秀员工，他们永远不把“要我做”当做工作的前提，他们总是以一种积极主动的工作态度去面对工作，以不怕吃苦的精神创造出令人羡慕的业绩。

由此可见，我们要想成为一名优秀的员工，就必须像那些优秀的员工一样做一个主动履行职责的人。那么，怎么才能做到这一点呢？我们可以像下面这样去做。

(1)主动去做任何需要做的事

当今的市场竞争十分激烈，不管哪个公司即使分工再明确，也可能会有一些意料之外的情况发生，出现一些无人负责的工作。以什么样的态度对待这些工作，可以判断出员工的主人翁精神和责任感如何。有的员工认为这些事和自己的职责无关，即使是一件随手可以做好的小事也不屑为之。而有的员工则能够把这些事看作是锻炼自己的机会，主动去做，并且能够脚踏实地地做好。最终，前者仍然平庸，而后者却早已赢得成功的机会，成为公司的优秀员工。

两年前大学毕业的刘欣，到一家公司做起了文员，主要负责一些文案撰写、文字材料整理的工作。然而，在办公室久了，她也开始感到厌倦，想尝试做一些更具有挑战性的工作，可向领导们要求了几次调岗位也未能如愿。就在前不久，刘欣终于等到了机会。公司一位市场代表王哥正好休20天的年假，于是刘欣主动要求自己去当“替补”。

为了抓住这次“转型”的机会，刘欣可谓煞费苦心，整日起早贪黑，不论是跑客户还是组织活动，刘欣都积极主动地去完成。凭借自己的努力以及开朗大方、细致周全的性格，20多天来，她顺利完成了业务推广、活动策划以及广告宣传的任务。让老板感到特别满意的是，刘欣竟然通过自己的真诚和交际技巧，改善了公司与一家客户的“冷战”关系。

通过这次的“替补”，刘欣的交际能力、组织能力、策划能力终于得到了领导和同事们的认可和赏识。如今，虽然王哥已返回工作岗位，可老板没有让刘欣继续以前的文字工作，而是让她也如愿以偿地成为了一名市场代表。

优秀的员工不但做好自己的本职工作，还善于“查漏补缺”，做任何需要做的事情，采取有效的手段及时处理工作中出现的种种问题，不仅把工作做到位，在不越位的情况下随时准备补位，这样才能赢得更多的机会。

(2)不等待命令

优秀员工最为明显的特点就是积极主动履行自己的职责。在公司里，不论老板是否安排工作，他们自己总会主动去找事做，主动请缨、排除万难、为公司创造利润。他们与那些抱有马马虎虎、漠不关心的工作态度，除非在公司的规章制度压迫下才能把事情办成的被动者相比，有着天壤之别。

玛丽亚是纽约一家大型建筑公司的预算员，常常要跑工地，看现场，还要为不同的老板修改工程预算方案，工作非常辛苦，报酬也不高，但她仍主动地去做，毫无怨言。

一天，老板安排她为一名客户做一个预算方案，时间只有两天。这是一件原本难以完成的事情。

接到任务后，玛丽亚立即开始工作。两天时间里，她跑建材市场，调查各种原材料的价格，又四处查询资料，虚心向前辈或同事请教。

两天后，玛丽亚把一份完美的预算方案交给了老板，她也因此得到了老板的肯定。因做事积极主动、工作认真，现在玛丽亚已经成为公司预算部门的主管。老板不但提升了她，还将她的薪水翻了两倍。

后来，老板告诉她："我知道给你的时间很紧，但我们必须尽快把预算方案做出来。如果当初你不主动去完成这项工作，我也许会把你辞掉。你表现得非常出色，我最欣赏你这种工作认真、积极主动的人！"

遗憾的是，在公司里，竟然有许多人根本不知道被老板重用是建立在主动执行、自动自发完成工作的基础上的。

(3)主动做分外的事

比尔在一家商店上班时，一直自我感觉良好。因为他总能保质保量做完老板交代的任务。一天，老板让比尔把顾客的购物款记录下来，比尔快速完成，然后便与别的同事闲聊。这时老板走了过来，什么也没说，开始整理那批已经订出的货物，又把柜台和购物车清理干净。

这件事深深震动了比尔，他忽然发现自己一直以来是多么的愚不可及，也就是通过那件事，他懂得一个人不仅要做好本职工作，还应该主动地再多做一些，即使老板没要求你这么做也没有关系。这一观念的改变，使比尔更加努力地工作，他学到了更多的东西，工作能力突飞猛进，最终成了公司的副总。

由此可见，要想成为一名优秀的员工，就需要积极主动履行自己的职责，并把这种品质逐渐培养成自己的思维方式和行为习惯，时时处处表现出自己的主动性，哪怕是对你来讲是分外的事。这样，你才能从普通走向优秀，成为老板和上司欣赏的员工。

【职场真理】

成功的机会往往隐藏在你主动执行的每一项工作中，谁要是忽视了这一点,谁就永远与“优秀”无缘。只有那些主动做事,主动工作的人才有获得更多好机会的可能。作为一名优秀的员工就要具备主动执行的精神,对于上级交代的任务,应立即采取行动,而不是去讨价还价地谈条件,提一些愚蠢的问题。

8 严格要求自己,做一名优秀员工

曾经有位知名企业家说过:这是一个优秀者的时代,没有达到优秀的人终将会被淘汰,即便现在还没有被淘汰,时间也不会很长了。

敢于吃苦,是敢于承担工作所赋予我们的责任,脚踏实地、勤勤恳恳的做事态度。

敢于吃苦,是勇于接受挑战,具有战胜一切困难的勇气。

敢于吃苦,更是对自我的一种严格要求,要求自我不断进步,把事情做得更好。

在现今竞争激烈的环境中,要想得到更好的发展,我们就不能缺乏对自我的这种要求。俗话说得好:对自己有什么样的要求就会有什么样的结果。事实上,我们大多数人在职场中难以得到较好的发展,就是因为缺少对自我的要求,只求把工作任务完成就行了,从来没有像这样去想:我真的做得够好了吗?能不能做得再好一点呢?倘若,我们在工作中常常这样去想,并付诸于行动,就可能取得更好的成绩。

想想看,如果我们真的这么做了,将自己所做的每一项工作都能做得更好一点,我们又何尝不能在职场中得到更好的发展呢?

你要知道:你的工作业绩直接决定了你的职场前途。

由此可见,在现今的职场环境中,我们要想得到更好的发展,就必须弘扬吃苦精神，以更为严格的要求要求自己，从而走向优秀，走向成功。

那么，我们怎样才能做到这一点？我们可以从以下几个方面着手进行：

(1)把工作当成是自己的事

无论你所从事的是什么职业，也无论你现在身在何处，都不要以为自己是在为老板工作，如果你认为自己努力的最终受益者是老板，那你就犯了一个巨大的错误。

不论你现在的薪水是多少，也不论你是否得到老板的器重，这些都不重要。只要你能够尽职尽责，全心全意地做好本职工作，毫不吝惜地将自己的精力与热忱投入到工作中，你就会发现工作是人的使命所在，并能在全身心地投入工作的过程中，享受到工作给你带来的人生乐趣，同时你也会因自己的工作而赢得他人的尊重，进而产生一种自豪感。

(2)热爱并专注于自己的职业、

把职业当成自己的事业，就要热爱并专注于自己的职业，因为只有深切地热爱自己职业的人才会把自己所有的精力都专注于自己深爱的职业当中，这些人会通过自己的所有才能和智慧把自己的职业做成一项伟大的事业，在他们坚持不懈的奋斗过程中，企业会因为他们积极主动的推动而不断向前迈进。这样的企业员工，在任何一家企业都会大受欢迎，企业会因为他们的付出而给予他们更多的成功机会、更大的发展空间，以及更令人愉悦的满足感和成就感。

(3)尽心尽责做好每一件事

职场之上，说起尽心尽责的工作，很多人都会笑着说“傻瓜”！因为在很多人的心目中，只有老板才会尽心尽责的工作，因为公司是他的，而不是员工的。

这种想法看起来是有道理的，其实是荒谬的。因为公司不仅仅是老板的，也是员工的。一个员工，要想在职场上有所造诣，就必须做到凡事追求尽善尽美，而要想做到尽善尽美，就必须具备尽心尽责的心态。尽心尽责的心态不是“傻帽”的行为，而是成功的必备条件。

宋常是一个凡事力求尽善尽美的人，也正因为如此，他做每件事情都会尽心尽责地去做。上学时，他每次考试都尽心尽责，所以基本上都能拿到年级第一；工作后，每次执行任务，他都尽心尽责地去完成，所以他每次都能出色地完成任务。

尽管这样，宋常还是觉得自己做得不够好，有些地方还可以再改进一些。宋常凡事力尽完美的态度引起了老板的注意，他问宋常为什么对自己这么严格，宋常笑了笑说："只有这样，才能将自身的潜能挖掘出来。"后来，宋常成了总裁的秘书。

由此我们可以看出：一名员工，无论从事什么工作，只有尽心尽责才能全力以赴，才能尽善尽美。任何一个人，能做到这一点，才不用为自己的前途操心。

(4)树立终生学习的意识

许多人以为，学习只是学生时代的事情，只有学校才是学习的场所，自己已经是成年人，并且早已走向社会了，再没有必要进行学习了，除非为了取得文凭。

这种看法乍一看，似乎很有道理，其实是不对的。在学校里自然要学习，难道走出校门就不必再学了吗？学校里学的那些东西，就已经够用了吗？

其实，学校里学的东西是十分有限的。工作中、生活中需要的相当多的知识和技能，课本上都没有，老师也没有教给我们，这些东西完全要靠我们在实践中边学边摸索。可以说，如果我们不继续学习，我们就无法取得生活和工作需要的知识，无法适应急速变化的时代，不仅不能搞好本职工作，反而有被时代淘汰的危险。

【职场真理】

对自己有什么样的要求就会有什么样的结果。在现今竞争激烈的环境中，我们只有以更高的要求要求自己，才能取得更为优异的成绩。

第二章　勇于担当，用责任感成就职场的辉煌

勇于担当工作所赋予的责任，争做优秀。在现今竞争激烈的环境中，只有做到这一点，才能不断进步，进而获得事业上的成功。

1

始终知道自己的职责所在

工作就意味着责任，我们每个人都应该担负起工作所赋予我们的责任。

要想把工作做好，我们就必须知道自己的职责所在。可惜的是，有很多的人并没有认识到这一点，认为自己与公司之间存在的只是一种雇佣关系：自己为公司做事，公司给自己发薪水。也就是因为如此，他们不仅难以把工作做好，还会经常地抱怨，说什么工作辛苦而薪水少等。像这样的员工是很难在现今的环境中得到较好发展的。

优秀的员工绝对不会这样。他们始终都知道自己的职责所在，无论遇到什么样的难题，都会发挥不怕苦不怕累的精神，把工作做得更好。

下面所要说的林峰的事例就能让我们很好地明白这一点：

林峰是一家大型仓储公司的普通仓储员，主要负责冷冻物品的看管工作。

一天深夜，林峰刚出去巡夜，就发现一件大仓库里浸满了水，原来的冰块几乎全部融化，根据以往的经验判断，林峰断定是因为制冷设备的控制开关和水泵水压开关不协调而出现的问题。他赶忙跑到制冷设备旁一看，发现融化的水已经快淹没到动力电源的开关口了，若不赶紧采取措施，将会发生动力电缆短路的问题，这将会给公司带来巨大的经济损失。在这种情况下，他置个人安危于不顾，踏入水中，控制住了水泵阀门，防止水位继续上升。紧接着他拨打电话叫来最近的同事，共同将蔓延开来的水排干，重新启动制冷设备。当负责电力设备的人员赶到时，他已经将出现的问题处理妥当，此时，他已经冻得脸庞发紫，全身颤抖。

林峰认真负责的行为为公司避免了巨大的经济损失，维护了公司的信誉，因此他受到了公司的表扬和嘉奖，公司还将他从一个普通的仓库管理人员提升为公司部门经理。

在我们的身边，那些在职场中获得较好发展的员工，无一例外都同上述事例中的林峰一样，有着强烈的责任心，从来不会因为怕苦怕累而推卸责任。

可惜的是，在我们的身边，却总是有这样的一群人：他们每天在固定的时间上下班，浑浑噩噩地度过每一天，他们缺少思考和创新，就像玩偶一样机械地重复着碌碌无为的生活，对待工作明显带有应付和被动的迹象。他们在固定的时间领取自己的薪水，抱怨一番后，又接着上班。他们从不思索是否需要提升自己的工作能力，创造自己的一番事业，更不会思索是否对公司给予自己的怀有一份感激之情，他们缺少激情，缺少欢乐，有的只是被动和麻木。

像这样的人就是典型的不知道自我工作职责的人，他们只是被动地去应付工作中的任务，机械地完成任务，将工作看作是一种负担和包袱，纯粹为了工作而工作。试想一下，他们又怎能在工作中担负起应负的责任，在遇到困难时主动去解决呢？下面的事例会给我们一点警示：

郭帅是福建某制鞋厂的职员。刚开始，他干劲十足，努力认真，由此获得了公司的赏识，从一名普通工人做到了车间主管。但是，慢慢地，郭帅开始对工作懈怠起来，他不再像以前那样起早贪黑地工作，也不再像以前那样认真细致。他开始放松对自己的要求。由于他的松懈，下面的员工自然就更加放松了。日子就这样一天天过去，起初公司并没有注意到郭帅在车间的问题，因为公司给予了他很高的信任。

但是，之后发生的一件事情，将郭帅的弊病彻底暴露了出来。公司接到一笔单子，上司交给郭帅去做，客户要求这笔单子必须在规定的时间内完成。郭帅心不在焉，根本没有把这项工作放在心上，手下的员工因为没有主管的督促，他们更是慢慢悠悠地干活，没有丝毫急切的样子。

就这样到了交货的日期，当上司向郭帅要这批货时，郭帅顿时傻了眼，他只好请求老板宽限几天。上司不得不跟客户商谈，最终客户答应可以拖后几天。

接下来，郭帅不敢马虎大意，他天天督促工人快点干活，而工人也因为主管催得急为了按时完成任务不得不降低产品的质量。结果是当客户验收产品时大发雷霆，原因就是产品大多是粗制滥造，根本不合格。客户说明情况，要求退回所有已交付的订金，并且要求赔偿他们的误工费。

上司气愤难当，找到郭帅，狠狠地训斥到："你自己对这批产品满意吗？"郭帅自然不取吭声。上司继续说："你这种不负责任的态度会使你丢掉现在的工作，也可能使你一事无成。"

就这样郭帅被辞退了，而且还被公司要求赔偿相应的经济损失。

为什么郭帅会被辞退呢？是因为工作能力不够吗？其实真正的原因在于，他忽略了自我所应当承担的责任，怕苦怕累罢了。

美国的社会学家戴维斯曾说过："放弃了自己对社会的责任，就意味着放弃了自身在这个社会中更好的生存机会。"这句话告诉我们，要赢得公司的信任和尊重，就应该拥有吃苦耐劳的精神，勇敢地承担起责任，只有这样，我们才能够认真负责地处理日常工作中的各项事务。反之，不敢承担应有的责任，害怕吃苦，在遇到困难时就会自动退缩。想想看，这样怎能做好工作？又怎能得到老板与上司的青睐，得到较好的发展呢？

【职场真理】

一个缺乏责任感的人，首先失去的就是老板对自己的基本认可，其次失去的是别人对自己的信任与尊重，这样的人当然就难以得到重用。

2

对工作永远不要挑三拣四

无论是什么样的工作，我们都要认真面对，尽职尽责地把它做好。

“工作没有高低贵贱之分，只是分工不同。”我们每个人都知道这句话，但是知道并不等于能做到。在现实工作中，有很多人不愿意干那些看起来不怎么起眼，或者是需要付出更多努力的工作。他们怕苦怕累，对工作挑三拣四，一看到不需要过多的付出就能轻轻松松做好的工作就是抢着上；遇到有困难的工作则躲得远远的，暗自祈祷像这样的工作千万不要派到自己的头上。他们这么做，表面上看起来为自己减少了不少的麻烦，乐得一时轻松，但长此以往，就有可能会被企业所淘汰，成为职场中不受欢迎的人。

小黄大学毕业后，在一家图书公司找到了一份工作。

在正式上岗后，他的表现还算不错，不仅积极学习，而且通过努力还掌握了丰富的写作技巧，并且很快地融入了公司和文化氛围中。随着时间的推移，他的工作成绩稳步提升，老板多次在会上表扬他，这让小黄十分得意。可是，这种状态并没有保持多久，小黄就有所松懈，认为这样太累，也就不再像以前那样努力了。

一天，小黄刚上班，老板就走过来问：“昨天交给你的选题策划写好了吗？我待会儿就要用。”小黄听完十分惊讶：“哪个策划？什么时候给我的？我怎么不记得了。”

老板还算是个较为有涵养的人，听到小黄这么说后，微微皱了皱眉头，耐着性子把相关的工作任务又交代了一遍，让小黄尽快做好。

这个时候，小黄想起来了，老板确确实实曾让他做过这样的一个选题策划，然而那种选题，他可从来都没有做过，要想做好必须到图书市场上去调查，而最近的图书市场离他们公司有十几里地，再加上外面阳光毒辣，很热，就是待在有空调的房间内都觉得有些燥热。他看了看窗外火辣辣的太阳，心想：这么热，让我到图书市场去啊！我才不去呢？他犹豫了片刻，吞吞吐吐地说道："头儿，能缓缓吗？"

老板不满地看了小黄一眼："行了，这个策划你就别做了。"说完这句话后，老板便走进了自己的办公室，片刻后，走出。老板自己去图书市场了！

这件事情过去没多久，小黄被老板婉言辞退了。

在我们身边，类似如小黄这样的员工不在少数。他们一旦遇到需要吃点苦的工作就想找借口推脱。这样做，表面上看起来好像从中解脱出来，但是也注定了他们在职场中将难以得到较好的发展。

为什么会这样呢？

这就是因为他们缺少责任心。

对那些吃苦耐劳、拥有着强烈责任心的优秀员工来说，他们从来都不会如此。因为他们知道：无论上司交代给他们怎么样的工作，都应当肩负起应有的责任，都应当全心全意地做好它。像这样的员工在接到工作任务时，就像军人接到命令一样，没有任何疑问，回答只有一个"是"，而不是选择反抗，选择说"不"。

也许有的人会说："像这样，只知道服从，不是显现的很'奴性'、很没有个性吗？"

如果你这么想的话，那就是大错特错了，在工作面前不挑三拣四，坚决服从，无论遇到什么样的困难，不畏艰辛积极执行，不仅不会对我们有任何的损失，反而会为我们的职场发展增添更深厚的资本。如果你还是不相信的话，希望下面的寓言故事会改变你的看法：

耶稣带着他的门徒彼得远行。途中，他们发现了一块破烂的马蹄铁。

耶稣让彼得把这块马蹄铁捡起来，但彼得懒得弯腰，假装没有听见。耶稣自己弯腰捡起了马蹄铁，用它在铁匠那儿换来3文钱，并用这些钱买了18颗樱桃。

出了城，师徒二人继续前行。他们经过的是茫茫荒野，土地干涸。耶稣猜到彼得渴得厉害，就把藏在袖子里的樱桃悄悄地掉出一颗。彼得一见樱桃，赶紧捡起来把它吃掉。耶稣边走边“掉”樱桃，彼得也就只得费力地弯了18次腰。

耶稣见此笑着对彼得说：“如果一开始你能按我要求的去做，你只要开始时弯一次腰就行了，就不会在后来没完没了地弯腰了。”

从上面的故事中，我们可以得知，害怕付出，不敢吃苦，最终吃苦的是自己。在工作中，我们千万不要有这样的想法，千万不要像故事中的彼得那样因为害怕吃苦，连腰都懒得弯一下，而让本来可以获得良好发展的机会从身边溜走。

说了这么多，归根结底还是说，我们要想得到较好的发展，就必须拥有不怕吃苦，敢于付出的精神，切不可对工作挑三拣四，而是要勇于接受，并且挑起应有的责任。为什么这样说呢？

道理很简单，我们都知道，个人的发展跟企业的命运息息相关，只有当企业得到较好的发展，我们个人才能水涨船高。那么，企业怎么才能得到较好的发展呢？那就要求企业中的成员都担负起该承担的责任，把工作做好。试想一下，我们每个人都害怕吃苦，都不愿意去做那些“麻烦”的工作，企业的发展又怎么会得到较好的发展呢？

换一种态度去面对那些“麻烦”的工作，勇于接受它，虽说在执行的过程中，我们可能要比其他的人付出得更多，会吃一些苦，但是当我们将它做好后，必定会得到应有的回报。让我们再来看一则事例，来看看事例中的主人公是怎样做的，又得到了什么样的回报。

姜小楠是某公司业务部主管，手底下管着将近一百人。

可姜小楠还没高兴几天，公司人事部就下达了一份人事调动命令：业务部主管的职位由别人代替。姜小楠则被调到分公司担任一名基层主管。

这一切都是因为分公司刚刚开始运转，一没市场，二没资源，一切都要从头开始，其困难程度可想而知。

也就是因为这样，姜小楠的待遇从天上掉到了地上。公司的同事纷纷断定姜小楠不愿意去，甚至老板也在怀疑姜小楠可能不会服从公司的安排。就在大家纷纷猜测的时候，姜小楠很爽快地收拾好自己的东西，到分公司报到了。

姜小楠此举让人大跌眼镜。可是姜小楠却说："既然我在这个公司工作，听从公司的安排是我的本分。如果连这一点都做不到，我就不是一个合格的员工。"老板听了姜小楠的话，感动得连说"好"。

半年之后，分公司运转正常，姜小楠又被调回总公司，而此时他的职位已经升职到了业务部经理。

每个人成功的方式不同，但是作为公司的员工如果对工作挑三拣四，不能服从上级的安排，肯定是不能在公司中获得要职的，因为没有哪个老板会重用一个连自己的话也不听的员工吧？因此，作为优秀的员工在面对工作时，千万不要挑三拣四，而是应当发扬不怕苦的精神，毫不迟疑地接受工作任务，承担起工作责任，把工作做好。

在工作中不挑三拣四，服从上级的安排，可以说是优秀员工的一种美德。它能够给我们带来更多机会，帮助我们发掘更多潜能。因此，在接受到任务的时候，欣然地选择服从吧，不要去选择做愚蠢的反抗。

【职场真理】

别轻视自己所做的每一项工作，即便是最为普通的工作，我们同样要全力以赴，尽职尽责做好。

3

做好才是你唯一的目标

责任心不是说出来的，而是做出来的。

无论我们的理想如何的远大，能力怎样的突出，只有动手去做才能得到较好的结果。然而令人感到遗憾的是，在现实的职场中，我们常常会看到有这样的一些人，他们对任何事，说起来头头是道，却迟迟不见行动。他们之所以如此，便是少了一点责任感，少了一些吃苦耐劳的精神。

这样的员工即便自身的能力再怎么卓越，同样难有较好的发展。那些优秀的员工很少会这样，在他们看来，无论是什么样的工作，只有动手去做，做好它，这才算是一个真正负责的人。

那么怎样才能做到这一点呢？优秀员工告诉我们，无论面对什么样的工作，不管有多么的困难，都不要害怕吃苦，吝啬付出，而是要积极行动起来，动手去做。

王风是一家公司的部门主管，每天只要睁开眼睛，他就埋头于自己的工作中，忙得是焦头烂额，连睡觉都不怎么踏实。

而他听说另一家公司的总经理每天虽然业务繁忙，但他依然休息得很好，而且桌子上从没有像他一样堆案如山。于是，他决定去拜访一下这位经理，向他请教请教。

当他来到这位经理的办公室时，王风看到他正在接听一个电话。听得出来，和他通话的是他的一个下属，而这位经理很快就给对方作出了工作指示。刚放下电话，他又迅速签署了一份秘书送进来的文件。接着又是电话询问，又是下属请示，这位公司经理都马上给予了答复。

半个小时过去了，终于再也没有他人“打扰”了，这位公司经理转过头来问王风有何贵干。王风站起身来说：“本来我是想请教您，身为一个全球知名公司的部门经理，您是如何处理好那么多的工作的，但现在不用了，您已经通过您的行动给了我一个明确的答案。我明白自己的毛病出在哪儿了，您是现在就把经手的问题解决掉，而我却无论遇到什么事，都先接下来，等一会儿再说，结果您的办公桌上空空如也，我办公桌上的文件却堆积如山。”

王风的一番话，确实道出了很多人在今天职场上的困惑。积极行动，马上处理工作中碰到的每件事情，将是每位职场人士做好工作的重要保证。

生命短暂，人生经不起太长的等待，尤其是对于工作，及时有效的行动更是对它最有力的保证。在现实生活中我们总能听到这样的话：等到我毕业以后，就会如何如何……等到我买房子以后……等到孩子结婚以后……等我把一切都处理妥当之后……等到我……

等到、等到、等到，似乎我们所有的行动都是在等待中度过的。许多人认为行动必须等到万事俱备的时候再进行才是最有效的；也有许多人总觉得明天一切就会变得更有利，可是生活总是在变动，环境总是不可预知的。现实生活中，各种突发状况总是层出不穷，或许等你等到万事俱备开始展开行动时，一切都已经时过境迁，物是人非了。所以说，在工作中你只要觉得某件事情应该做，即使困难再多，即使成功的机会再小，也要努力去做。当你真的行动了，你就会发现很多困难都是可以克服的，并没有你所认为的那么难。所以说，不论你想做什么事情，都千万不要等，请立即行动，马上投入到行动中去。等待只能扼杀掉工作，唯有行动才是做好工作的保证。

有一群登山爱好者准备征服一座海拔 6000 米的高山。于是，他们组成了一个小分队，扎营在海拔 2000 米的山脚，等待天气好转。他们当中有一些还是专业登山运动员，不仅体魄健壮，而且经验丰富。天终于放晴了，微风轻吹，队员们开始行动起来，由经验丰富的队员带领出发了。

在攀登者脚下，高山有种被驯服般的宁静，只有峰顶的冰川在阳光下闪着迷人的光辉。每个登山者都沉浸在攀登的喜悦中。然而正当他们慢慢接近主峰的时候，灾难却悄悄降临——乌云翻滚，狂风肆虐，气温骤降。几个经验丰富的登山运动员知道情况不妙，要求大家全力返回。可是，由于在路上逗留时间过长，夜已慢慢逼近，根据经验推断他们已无法下山，只能等待救援人员前来营救。

狂风如开堤之水，怒吼而来，许多队员的衣服被风撕破，手套也脱落了……祸不单行的是，有位队员的腿部被飞石击中，大量出血，伤员痛苦地呻吟着。

风越刮越大，严寒也随之降临。伤员极其痛苦地喊："我冷，我冷……"其腿上的血流出后很快就结成了冰。

有一个登山者说："现在天色尚未全黑，让我来背他下山吧，或许他还有救。”

“你这是去找死，救援人员马上会来的。”众人劝他。可是这个人还是背起伤员努力地向山下走去。

夜幕降临了，山上起了暴风雪，救援人员根本无法上山。第二天，救援人员发现在原处等待救援的人们紧紧挤在一起，已经僵硬了。经过救援人员的搜索，在海拔 4000 米的地方发现了那个伤员和背着他的人，他们竟然还活着。

救援人员说：“在这种天气下能存活下来简直是奇迹。”经他们分析原因后断定，他们之所以能够活下来，是因为他们整整一个晚上都没有停止过高强度的运动。

在我们的人生中，总会遇到一些应该立刻去做的事情，如果我们无故拖延只会让事情变得越来越糟，但是如果你能够选择马上动手去做，生活就会变得豁然开朗。就像那位登山者一样，当他选择背着同伴下山的时候，就已经把命运交给了自己，拿起了打开成功之门的钥匙。

在这个世界上，天空掉下来的只有雨点和雪花，永远不会有馅饼。因此，我们不能仰望天空，坐等好运撞进自己怀里。更何况人生短暂，也不会有多少时间让我们去等待。无论是对于工作，还是事业，我们最需要做的事情就是行动。只有行动才能带来结果，才能推动事情向前发展。行动，不仅是做好工作的保证，也是帮助我们取得成功的最好的砝码。

世界上任何伟大的事业，最后都要落实到行动上。只要我们拥有不怕吃苦敢于奉献的精神，就能够积极地采取行动，让事情朝我们所想的结果前行。

【职场真理】

我们应保质保量地完成工作任务，不要以为逃避责任就可以坐享其成了。如果我们缺乏认真负责的工作态度，不敢行动的话，危害的不仅仅是老板和公司的利益，更是你自己的利益。

4

敢说:这就是我的责任

工作不是为了谋求生存而不得不做的事情,而是一种使命。

在工作中困难与不如意的事时有发生,在这个时候,我们应该怎么办呢?很多人在面对问题的时候,不是想着如何去承担责任、解决问题,而是想方设法寻找理由、借口推卸责任。类似这样的员工,因为缺少责任心,害怕吃苦,迟早有一天会被职场所淘汰。

在这儿,我们来看一则事例:

乐乐最近郁闷极了,她一直在抱怨老板包庇其他员工,而唯独对她“横竖挑刺”、“鸡蛋里挑骨头”、“把原本不应该她承担的责任推到她的头上”……

如果仅仅听乐乐的抱怨声,很多人都会产生一个错觉:老板这么做确实不应该,可是一旦了解了事情真相之后,人们都会恍然大悟:乐乐确实应该负责。

那么事情到底是怎么回事呢?

原来,乐乐是这家公司做市场策划的员工,在给公司设计印刷品时出现了文稿排版错误,公司决定对她进行处罚,她一再申诉说是技术人员提供的文字稿,技术人员要对文字稿负责。上级问她作为与广告公司的稿件最终确认人,她应该负哪些责任呢?她就答不上话了,但她依然坚持,这个稿子设计好后让技术中心把关过,也给总经理审批过,必须对他们一并处理,而且他们至少应该负担80%的责任,否则她不服。

为了让她真正明白自己身上所承担的责任,她的上司给她分析了责任归属:

首先是技术人员,他们没有能力,也没有责任为文字稿校对错别字,他们所关心的是技术上的内容是不是可行,只要在技术方面没有出现差错,他们就没有承担问题的责任;其次是总经理，审批只是一个程序，签个字而已。他不可能对员工提供的每份文件都做到字字入目，甚至还挑出其中的错别字，版式错误，这是绝对不可能，所以总经理根本就没有负责任的必要；最后，作为市场策划员，她的职责就是与广告公司对稿件进行最后的确认。那么什么是最后的确认呢？就是要挑出稿件的错误，如果没有挑出，就应该承担责任。而乐乐所遇到的情况就属于这种，那么到底谁该来承担责任呢，毫无疑问是乐乐，而不是技术人员，也不是总经理。

虽然乐乐上司给她分析了其中的责任归属，但是乐乐还在想方设法推卸自己的责任，最终，她被公司辞退了。

职场之上，类似乐乐的员工在我们身边并不少见。他们遇到问题，只知道抱怨，却很少会主动去承担责任。当然，像这样的员工很难在职场上有什么发展。

优秀员工和普通员工最本质的区别并不是能力上的区别，而是对待责任的态度不同。前者能把承担责任当成自己的天职，而后者仅仅是把抱怨当成推卸责任的方式。如果我们想要得到较好的发展，就必须向优秀员工学习，像他们一样成为敢于担当责任，敢说“这就是我的责任”的人。只有这样，我们才能约束自己，给自我更高的要求，尽量减少工作的失误，把工作做得更好。

总之，作为公司的一员，我们一定要勇敢承担相应的责任，不要一出现失误便寻找种种理由，为自己辩护和开脱，只有我们勇敢地承担责任，才能获得同事的敬重，老板的好感，在他们眼中也才是一名有资格争先创优的好员工。具体说来，我们要想拥有正确对待错误的态度，不为失误找理由，就要做到以下几点：

(1)要及时承认

承认错误贵在及时。当我们犯了错误的时候，如果能马上承认，就有利于心理的调节，思维的缓冲。进而就能想一想怎样做才能最大限度地弥补，这样就把错误最小化了，“亡羊补牢，为时未晚”说的就是如此。而如果我们逃避推诿，一拖再拖，已经给别人造成伤害了再去承认，就为时已晚了。

(2)丢弃侥幸心理

侥幸心理每个人都有，这也就是天下许多事一错再错的根本原因。员工在面对自己的错误时，务必要杜绝侥幸心理，正视自己的错误。要培养坦荡的胸怀，坦荡是侥幸的天敌，古语有云“君子坦荡荡，小人常戚戚”，当我们成为一个职场的正人君子时，侥幸自然离我们远去，而这才是解决问题的根本办法。

(3)能主动开展自我批评

在平时工作中，假如我们犯了错且知道免不了要受责罚，抢先一步承认自己的错误是最好的方法。主动开展自我批评总要比他人批评好受得多。如果你在老板发现之前，就承认了自己的错误，并把责备的话说出来，老板十有八九会宽大处理你，原谅你的错误。

(4)同样重视小错误

关于认识错误，我们大多数人还存在一个误区，那就是，在面对大错误的时候，可以做到坦诚承认，勇敢改过；但面对一些小错误的时候，往往就不以为然了。没有什么事情是不可能的，任何一个错误都有可能引起严重的后果，造成不可挽回的损失。因此，在勇于承认错误时我们也不能不注意小错误的承认。

【职场真理】

在工作中，决不推卸自身的责任，也不要把责任推卸给同事，而是应当把责任承担下来，这样不仅可以增添你的人格魅力，还会为你储备经验，以免下一次发生类似的失误。

5 乐于接受“苦差事”

有位著名的企业家说，职员必须停止把问题推给别人，应该学会运用自己的意志力和责任感，着手行动，处理这些问题，让自己真正承担起自己的责任来。

要想在职场中得到不断的发展，我们就应当敢于接受“苦差事”，去做好那些人们不愿意做的事。在现今的职场中，很多人虽然颇有才学，具备各种获得老板赏识的能力，但是却有个致命弱点：缺乏挑战的勇气，对不时出现的那些异常困难的任务，不敢主动发起“进攻”，一躲再躲，恨不能避到天涯海角。像这样的人，终其一生结果，也只能从事一些平庸的工作，做一个普通的员工。而那些敢于负责，乐于接受“苦差事”的人，却恰恰正是因此而获得了成功。

陈小蒙是一位销售经理。他所在的公司，是位于东部沿海的一家制药企业。

1996年初，这家公司准备在新疆成立分公司，拓展新疆市场。当时，在东部和中原地带，这家企业的市场都已经做得比较成熟，在这些市场区域中，随便一个地方都可以赚到大钱。而新疆市场，则是尚未开发的处女地。

公司所有的销售经理和销售人员都知道新疆的条件十分艰苦，不付出三五年的艰苦努力根本不可能在那里挣到钱。因此，公司在委派新疆公司经理时，也很难敲定最后的人选。

那一天，委任各区域经理的会议在公司的培训中心举行。总经理首先发表了一番慷慨激昂的演讲，以为通过这番演讲，就可以激起销售人员的斗志，愿意到新疆去。

然而，总经理演讲完毕开始点将时，却遭到好几个人的断然拒绝，有的人甚至态度坚决地说：“让我到新疆去，我立即辞职！”

正当总经理骑虎难下，一些销售经理偷偷溜出会场时，陈小蒙主动请缨：“我去新疆！”

会场的销售经理和销售员们先是一愣，接着哄堂大笑，继而议论纷纷。有的说他神经有毛病，有的说他头脑发热，有的说他出风头。

在普通人眼中，他的确很不明智，因为他当时是上海区域的销售经理，每年收入50多万元，而到条件艰苦的新疆，别说50万元，5万元恐怕都不能保证。

“有些东西比金钱更重要。”后来回忆起当时为什么要做这样的决定时，陈小蒙是这样说的，“当所有人都往后退时，你向前一步，机会就属于你了，进而你也就脱颖而出了。我当时在上海虽然做得很好，但公司比我做得好的还有好几个人，我必须寻找新的机会去超越他们。”

1996年，陈小蒙只挣到2万元，还不及他在上海时的1/25。

1997年，他挣到了6万元，只是他在上海时的1/10多一点。

1998年，他挣到20万元，不过仍然不到他在上海时的1/2。但是，在1998年里，他的经营业绩大大增加，在所有进入新疆市场的制药公司中名列第一！

有人替陈小蒙算了一笔账，他在上海三年，可以轻松挣到160万元，他去了新疆，意味着三年损失了近130万元。

可事实上，陈小蒙真的损失了吗？

答案是否定的。不仅没有，反而得到了丰厚的回报，因为1999年底，公司提拔陈小蒙为市场总监，取代了原来的市场总监，市场总监的年薪高达360万元！

陈小蒙接过了“苦差事”，既替领导分了忧，又实现了人生价值的升华，这才是真正明智的选择。

在工作中勇于挑战，乐于接受苦差事的员工，总是会得到公司的青睐，并委以重任。微软公司在招聘员工时，有一个特别条件：这个人必须具有敢于挑战的冒险精神。他们相信只有这样的人才会成为有价值的人，才能成为时代所需要的人。因此，他们宁愿冒失败的危险选用曾经失败过的人，也不愿意录用那些胆小怕事、唯唯诺诺、举步不前毫无建树的人。

这是一个竞争的时代，面对艰巨的任务你退缩的话，就会有人去做，那你注定会被别人淘汰。当你万分羡慕那些有出色成绩的同事，羡慕他们深得公司器重并被委以重任时，你一定要明白，他们的成功是靠着自身的拼搏赢来的。其实，你也可以受到同事的瞩目，前提是你必须具有不怕苦不怕累的精神以及勇于挑战的勇气。在复杂的职场竞争中，只要你秉持这一原则，不断力争上游，就一定能脱颖而出。

所以，当一件艰巨的任务摆在你面前的时候，不要抱有“避之唯恐不及”的态度，也不能有瞻前顾后的行为，更不要过多地考虑最糟糕的结局是什么，因为这些都是没意义的，你需要做的就是勇敢地接受它，去将它做好，相信你的表现老板与上司会看到眼里，总有一天会为你在职场的发展插上飞翔的翅膀。

【职场真理】

困难也是一种难得的机会，敢于负责的人乐于接受“苦差事”，善于在困难中寻找机会，而缺乏责任心，怕吃苦受累的员工在拒绝“苦差事”的同时，其实也是在放弃最好的成功机会。

6 将责任感体现在每一个细微之处

注重细节的人，不仅会认真对待工作，将小事做得很精细，还善于从细节中寻找机会。

工作中的失败，往往不是因为“十恶不赦”的错误引起的，而恰恰是那些一个个不足挂齿的“小错误”积累而起的。

浙江某地用于出口的冻虾仁被欧洲一些商家退了货，并且要求索赔。原因是欧洲当地检验部门从1000吨出口冻虾中查出了0.2克氯霉素，即氯霉素的含量占被检货品总量的五十亿分之一。经过自查，环节出在加工上。原来，剥虾仁要靠手工，一些员工因为手痒难耐，用含氯霉素的消毒水止痒，结果将氯霉素带入了冻虾仁。

这起事件引起不少业内人士的关注，一则认为这是质量壁垒，五十亿分之一的含量已经细微到极致了，也不一定会影响人体，只是欧洲国家对农产品的质量要求太苛刻了；二则认为是素质壁垒，主要是国内农业企业员工的素质不高造成的；三则认为这是技术壁垒，当地冻虾仁加工企业和政府有关质检部门的安全检测技术，落后于国际市场对食品质量的要求，根本测不出这么细微的有害物。然而无论人们如何评判这次事件的结果，我们都可以从中吸取这样一条经验教训：错误，只要是错误，无论怎么细小，都可能造成偌大的损失。

然而，在工作中，有很多的员工却因为怕麻烦，而对那些小事视而不见。他们可能没有想到，也就是因为他们不注意这些细小的事情，例如一个电话、一份文件，甚至是一句话、一个标点符号没有处理好，往往会带来不可收拾的场面。

确实，工作中细微的小事不可忽视，而一个员工是否认真负责也往往体现在细节上。正如一位人力资源部经理所说，“看一个人是否有责任，不用从什么大的方面来看，就从那些细微的小事、下意识能做的事情就可以得到答案。”他的话不无道理。

一家公司正在招聘新员工。来了不少应聘的人，看起来个个都精明干练。面试的人一个个进去又一个个出来，大家看起来都是胸有成竹。面试只有一道题，就是谈谈你对责任的理解。对于这样的一个问题，很多人的人都认为简单得不能再简单。

然而结果却出人意料。

一个人都没有被录取。难道这家企业并不是真的想招人？

“其实，我们也很遗憾，我们很欣赏各位的才华，你们对问题的分析也是层层深入，语言简洁畅达，非常令各位考官满意。但是，我们这次考试不是一道题，而是两道，遗憾的是，另外一道你们都没有回答。”经理说。

大家哗然。“还有一道题？”

“对，还有一道，你们看到了躺在门边的那个笤帚了吗？你们中有的人从上面跨过去，有的甚至往旁边踢了一下，却没有一个人把它扶起来。”

“对责任的长篇大论远不如做一件有责任的小事，后者更能显现出你的责任感。”经理最后说。

应聘者羞愧难当。

细微之处见责任，小事折射员工的做事态度，体现着员工对公司的忠诚。

你手头的小工作其实正是大事业的开始，一个职场人士责任感的强弱，就体现在这些小事上，能否认识到这一点，就意味着你能否做成一项大事业。

一家企业的副总凯普曾入住过希尔顿饭店。那天早上刚一打开门，走廊尽头站着的服务员就走过来向凯普先生问好。让凯普先生感到奇怪的并不是服务的礼貌举动，而是服务员竟喊出了他的名字，因为在凯普先生多年的出差生涯中，在其他饭店住宿时从没有服务员能叫出客人的名字。

原来，饭店要求楼层服务员要时刻记住自己所服务的每个房间客人的名字，以便提供更细致周到的服务。当凯普乘电梯到一楼的时候，一楼的服务员同样也能够叫出他的名字，这让凯普先生很纳闷。服务员于是解释道："因为上面有电话过来，说您下来。"

吃早餐的时候，饭店服务员送来了一个点心。凯普就问，这道菜中间红的是什么？服务员看了一眼，然后后退一步做了回答。凯普又问旁边那个黑黑的是什么。服务又上前看了一眼，随即又后退一步做了回答。她为什么后退一步？原来，她是为了避免自己的唾沫落到客人的早点上。

也许你会觉得这些都是不起眼的小事，但在商业社会中，是否注重细节的完美就体现在这些小事上。因为我们每个人所做的工作，都是由一件件小事构成的。把每一件小事做好，体现的正是你的责任感。而只有具备了强烈责任感的人，才能铸造完美的细节。

林祥是一家音响设备公司的工作人员，他每次给客户送音响的时候，都很注意一些小细节。

比如，在给客户送货的时候，刚拆开的设备都是全新的，他总是戴上一次性的塑料手套为客户安装，安装完之后，连一个细小的手印都没有。他还特意将服务卡上的售后电话用笔勾出来，让客户一眼就能找到，然后把使用说明书、发票、服务卡等票据全放在一起，交给客户。

林祥所做的一切，公司都没有要求，但他却很细心地全考虑到了，而且每一次都是这么做的。

时间长了,有一些老客户特别喜欢林祥,甚至在购买音响器材的时候,指名要他负责。就这样,林祥的工作能力被公司看中,不久公司便提拔他为客户经理。

其实,林祥所做的一切一点儿都不难,我们每个人都能做到。但为什么只有林祥做到了?关键就在于他具备了认真负责的职业精神。一个人的工作精神、工作面貌就是在这一举手一投足中体现的。

对自己的工作认真负责,不要嫌麻烦,怕吃苦,将每一件事都做到最好,这正是一个优秀员工的素养。你要知道,只有将每一件小事都做好的员工,才能让老总放心将重要的事情交到他的手上。

作为一家书店的营业员,你是否能勤擦拭书架上的灰尘?作为一家公交公司的司机,你是否让你的车时时保持整洁?作为一家商场的服务员,你能否给顾客一个让他再次光临的微笑?

事儿可能很小,知道吗?这正是体现你责任感的地方。你做到了吗?

【职场真理】

千万不要因为职位小或者低微就鄙视自己的工作,放弃将使你失去自我完善和提高的机会,减少表现和展示自我的可能。

7 拼命工作提高业绩

职业是我们谋生的手段,也是我们事业的起点,每个人的事业都是从职业开始起步的。

联想控股公司董事长柳传志说:“我不会用言语去回应质疑,我只用具体的业绩赢取信任。”“不管黑猫白猫,捉住耗子的猫就是好猫”,在职场上道理也是一样的。只要你能拼命工作，努力提高自己的业绩，为公司创造财富，带来利润，那么在老板看来，你便是一个称职的员工，你的劳动已经物有所值；如果你能够超额完成任务或取得更为出色的业绩，那么你很快就可以从平凡中脱颖而出，成为老板所器重的人才。而在职场上我们就应该做这样的人才才行。

1999年，由于深圳市场很不好，伊利公司的产品在深圳还没等站稳脚跟就失败了。蒙牛公司也准备开拓深圳市场，负责深圳市场的乌日娜对集团董事长牛根生说：相信我吧，我一定能干好。

万事开头难，但乌日娜下定了决心，一定要开发出深圳这个大市场来。由于没有促销费，乌日娜便自己做了T恤衫，大量登载报纸广告，广印宣传单，还穿着蒙古袍进行促销……

当时沃尔玛就只要一件小型包装的牛奶、一件大型包装的牛奶，后来又涨到了三件。当时的条件比较艰苦，没有送货车，乌日娜就坐公共汽车或者骑自行车送货。

刚开始作促销时由于缺乏经验，经常会碰到诸如用低工资雇用的促销员卷走货款、在住宅小区促销时丢货等问题。到了七、八月份，天气炎热而又多雨，箱底都长了绿毛，损失了一批货。乌日娜在那段时间不禁感到又累又气，身体也出了毛病，她做了直肠息肉的手术，没过多长时间，她又在医院里查出了糖尿病。南方天气较热，雨水也多，在外面跑业务的人鞋子里常常浸满雨水，人的脚趾总在雨水里泡着，就会变形，容易得类风湿。九月份时，她的父亲去世了，而她却被台风堵在了机场……

但这一连串的困难并没有将乌日娜打倒，她开始从失败和过去的点点滴滴中总结经验教训。天道酬勤，第一年下来后，300万元的合同她完成了600万元；第二年，合同一下就订了3600万元。对于一般人来说，这可是个可怕的天文数字，原来跟着乌日娜的一批销售骨干看到这样的合同，全都被吓走了。

凭着强烈的责任感以及不怕苦不怕累的精神，乌日娜在这一年里再次创造了奇迹，她用自己的业绩证明了3600万元也没有什么了不起，因为这个神话已经被她变成了现实。乌日娜也凭着自己卓越的表现和出色的业绩，受到了蒙牛集团公司的器重和重用。而蒙牛集团也正是因为有了众多像乌日娜这样不惜千辛万苦作出出色业绩的员工，才能够取得今日的辉煌成就。

业绩是检查一个人工作效率的根本，没有业绩，即使付出再多的努力也不过是竹篮打水一场空罢了。一个人若想在事业上取得成就，就必须要有出色的工作业绩。有了出色的业绩你就可以在众多员工中脱颖而出；有了出色的业绩，即使你不提，老板也会主动为你升职加薪；有了出色的业绩，你就可以在竞争中站稳脚跟，并成为公司中的明星员工。

刘博涛是北京亨得利钟表公司的一名普通店员，他从小就喜欢摆弄手表，填报工作志愿时直接就写的是亨得利公司。到这家著名的钟表公司上班，是他梦寐以求的理想。参加工作的第一天刘博涛就告诉自己："我一定要做最好最出色的营业员。"

众所周知，除了要精通产品使用知识，销售行业最头疼的就是和一些难缠的客户打交道，但这些对刘博涛而言都不是问题。他把顾客当朋友亲人一样对待，用真心和热情跟他们相处，很多顾客都把他当成了好朋友、好"哥们儿"。

有一次，一位出手阔绰的顾客买了两块名表，但没过多久就找刘博涛说表出了问题。刘博涛仔细检查后，发现问题原来是顾客不小心把表和带磁的物品放到了一起而造成的。修完表后，刘博涛又非常细致地给顾客讲解了钟表使用与维护方面的知识。他的耐心和热情令顾客非常感动，临走时拿出一万元现金推到刘博涛面前，感激地说："哥们儿，收下吧，这是老哥哥我感谢你的。"

"见到钱我也动心，但我必须坚守自己做人的原则。为顾客解决问题是我的本职工作，这是我的责任。"刘博涛坚决拒绝了。

还有一次，两位脾气非常暴躁的顾客因为表链的问题在店里大发雷霆并扬言要摔表。刘博涛耐心地解释，并积极依据客户政策向总店申请了3000多元钱的新表链，圆满地处理了问题。正是凭着过硬的业务水平、良好的服务态度和出色的业绩，刘博涛成为大客户经理，连续几年被公司评为"经济技术创新标兵”。从一名新上岗的普通店员成为业绩卓著的大客户经理,刘博涛成就了自己的梦想。刘博涛成功的秘诀其实很简单,那就是拼命工作,努力提高自己的销售业绩,做最好最出色的营业员,就是凭借这么一个简单而务实的信念,刘博涛获得了顾客的信赖,取得了令人刮目相看的业绩并受到了公司的重用。

确实,业绩是一名员工的安身立命之本,有了出色的业绩,你才会有晋升和加薪的机会。在此之前,不要去做无谓的抱怨,因为老板们宁愿花上十倍的薪水去雇用一个业绩突出的精英,也不愿花一倍的薪水去雇用一个业绩平平的普通员工。所以,若想让自己的薪水有所增加,职位有所提升,你就要用业绩为自己增加制胜的砝码。在工作中如果你想成为一名与众不同的员工,你就要勤勤恳恳地对待自己的工作,不怠慢、不放弃,最后用出色的业绩证明你和别人是不一样的。

员工的业绩是支撑一个企业生存与发展的基础,只有员工们取得较高的业绩,企业才能够向着更好的方向发展。纵观一个人的职业生涯,有些人工作没多久,就迅速获得老板的赏识,又是升职又是加薪,令人艳羡不已。而有些人辛辛苦苦打拼多年,却总是得不到重用。那么,是什么造就了这两种截然不同的结果呢?那就是业绩。

员工只有在工作中乐于行动,拼命工作,努力提高自己的销售业绩,才有在公司里继续待下去的理由,只有做出了业绩的员工才能得到重用,才能迅速登上职场的顶峰。而那些没有业绩的员工,那些懒于行动、怠于行动的员工却只能在众人鄙夷的眼光中黯然神伤,甚至被淘汰出局。

【职场真理】

在今天的职场上,谁能积极行动,拼命工作,努力提高自己的销售业绩,谁就会得到公司的重用,会受到老板的器重,就会得到更好的发展。

8

敬重自己的工作，拒绝“差不多”

当我们怀着一种强烈的责任感去做工作时，把工作当成自己的事，就会从中得到收获，找到快乐。

勇于担当，说得简单一点，就是要尊重自己的工作，全心全意地把自己的工作做好。可惜的是，很多人都有这样的感觉，认为自己是在为老板工作，为他人挣钱。于是在工作上马马虎虎，敷衍了事，轻视自己所从事的工作。

殊不知，如果我们养成了一种轻视工作的不良习惯，当散漫、马虎、不负责任的做事态度深入我们的意识与潜意识时，做任何事都会“随便做一做”，结果不问也就知道了。如果到了中年还是如此，很容易就此蹉跎一生，更别提什么工作能力由弱而强，改变一生了！

看重自己的工作，短期来看是为了雇主，长期来看是为了我们自己。如果我们在工作上弄虚作假、投机取巧，这不仅会给公司带来损失，更重要的是毁掉了我们自己的一生。

那些不懂得努力工作也是为自己的员工，总认为自己辛苦工作都是为了公司为了老板，甚至认为是老板剥削了他的劳动，认为世界不公平，每天都在抱怨中，抱怨公司老板太抠门，抱怨经常加班，抱怨自己怀才不遇，抱怨自己得不到想要的东西……在工作中就会马马虎虎，敷衍了事，从来不会去努力做到最好，结果只能是最终被踢出局、被淘汰、被抛弃。这样的例子举不胜举，在每一个时代，因为糊弄工作而丢掉工作的人都大有人在。

马克是某大型企业的中层管理人员，头脑聪明，精练能干，如果不出意外，他甚至有希望接任公司的最高职位，事业前景一片光明，他自己也颇为得意，觉得自己在中层上有点大材小用。

一天下午，工作进行到一半，马克就想去看球赛，有人劝他应该把工作完成，否则老板会生气。他笑了笑，老板不会知道的，更何况这么简单的工作我已经做好了四分之三，等我回来再继续。他偷偷地离开了办公室，找到一个有电视的房间，尽情地欣赏起自己喜爱的球队的精彩比赛。

半小时后，他带着惬意，匆匆赶回自己的办公室，似乎一切正常，他的同事们还在忙忙碌碌。但似乎又有什么不对劲，他回到自己的桌子，桌子上的一张纸条让他惊呆了，上面写道：马克，既然你那么喜欢足球，我看你还是回家尽情地去欣赏好了。上面是他熟悉的老板的签名。原来，就在他刚离开，从不到下层"串门"的老板很随意地走进了他的办公室，原因是有一个重要的报表在马克这里，关系到几千万元的大生意，需要几分钟内给客户回话，老板在他桌子前左等右等，马克还是不回来，电话打不通——为了能专注地看球赛，马克把手机关了。老板勃然大怒，毅然辞掉了这位很有才能的中层管理者。

没有敬业精神，就不可能把工作做好，做不好工作，又如何会有提拔晋升的机会？没有机会，又怎么能发挥你的才能，实现你的梦想呢？一个缺乏敬业精神的人，一个不珍惜工作机会不努力工作的人，一个认为工作就是为老板赚钱的人，实际上是在自己成功的路上自设路障，最终损害的也只能是自己的利益。

对每一名员工来说，每一份工作都值得你去做，都需要重视起来。如果你认为自己的工作是卑微的，那么，你就永远不可能从中学到经验和技能，永远也不可能成为优秀的员工。

小张和小马在公司里，学历是最高的，本以为到公司就会受到重用，进入重要岗位。可是公司安排下来的工作，令他们大失所望，他们仿佛成了杂务工。于是，他们便开始私下埋怨。不同的是，小张开始厌倦这份工作，常常留意招聘信息，随时准备跳槽，工作扔到一边，常常缺勤；小马虽然心里不痛快，却仍然安心工作、任劳任怨，把它作为锻炼自己的机会，相信总有一天会赢得认可。他还深入了解公司情况，加强自己的业务知识，熟悉工作内容。五个月后，结果可想而知，小马被调到重要岗位，结束了单调而乏味的工作。而小张还没另外找到工作，却已经被辞退。

一个人如果轻视自己所从事的工作,自然无法投入全部的身心,更谈不上敬业了。他们在工作中敷衍塞责、得过且过,并将大部分心思用在如何摆脱现在的工作环境上。这样的人在任何地方都不会有大的成就。而重视自己工作的人,即使是从事的最平凡的工作,也会作出不平凡的成绩。

安松尼·阿斯特是个移民,年轻时只身来到美国,曾在纽约街上靠帮行人擦皮鞋为生。那时,他还不会英语,但擦鞋技术非常棒,动作又很麻利。虽然他一贫如洗,却以工作为荣。

有时,即使三餐不继,他也不以贫穷为耻。虽然他个性内向羞怯,有时不免自怨自艾,然而,从未听到他喊穷,怨天尤人。

以擦鞋为荣的阿斯特,凭着无比的毅力,奇迹般地开创了自己的事业——做鞋油生意。至今,他所生产的"克丽斯汀"牌鞋油,仍然畅销全球。

即使是一个平凡的岗位,也可以做出一番骄人的成绩。所以,不要蔑视自己的工作,蔑视工作就等于否定了自己的劳动,就等于否定了自己的人生价值。

很多人之所以终生处于社会底层,不能出人头地,是因为他们养成了马马虎虎的习惯,总是抱着轻视工作、敷衍了事的态度。

"你所交的报告真实性没问题吧?"

某女职员回答:"差不多吧。"

"你所做的方案可行性怎么样?"

某男职员说:"应该还可以吧。"

职场上,像上述这样的"差不多小姐"和"应该先生"越来越多,他们嘴里从来就没发出过铿锵有力的肯定的声音。这是他们出于对工作小心谨慎吗?当然不是,他们之所以这样回答,就是因为他们缺少责任感,害怕吃苦而担心不能完成任务,在为自己留后路。可惜的是,这样做,"后路"是有了,而前面发展之路就变得一片迷茫。

【职场真理】

轻视工作,就难以认真地面对自己的工作,养成马虎大意、敷衍了事的习惯。久而久之,就会丧失别人的信任与尊重。

第三章　任劳任怨，埋头苦干才能创出好业绩

即使没有一流的能力，只要有勤奋踏实的工作精神，也能将工作做好；反之即使你的能力无人能比，却缺少勤奋精神，则难以成就事业。

1 工作要的就是勤奋，要的就是不怕吃苦的精神

俗话说得好：一分耕耘，一分收获。我们要想把工作做好，勤奋是关键。

没有付出就没有收获，我们要想在职场中得到较好的发展，就必须勤奋地面对自己的工作，认真把自己的工作做好。确实，现今职场上最受欢迎的，正是那些对工作从不挑三拣四，勤奋工作的人。那么，什么是勤奋呢？不怕吃苦，乐于奉献，便是勤奋最佳的体现。

如果你想在职业生涯上达到一定境界，领略到顶峰那无限的风光，你除了不怕吃苦，乐于奉献地勤奋工作外，便别无选择。

俗话说，不惜力者有人敬。这话说得一点都不假。

1931年，15岁的王永庆小学毕业后，因家境贫寒，不得不辍学回家。他本想在家乡找一个帮工的活儿，挣些钱贴补家用。但他花了很多精力与时间也没有找到，不得已，只好背井离乡，到了粮食集散地嘉义，在一家米店当了小工。

一年之后，王永庆已全部掌握了米店经营的奥妙，于是他让父亲给他借来200元钱，自己在嘉义开了一家很小的米店。开始时，因他的米店铺面小，地处偏僻，又没有知名度，很少有人光顾他的米店。为打开销路，王永庆想起父亲常说的一句古训：“不惜钱者有人爱，不惜力者有人敬。”他没钱，唯一能做的是不吝惜时间和力气。

那时候，稻谷加工非常粗糙，大米里有不少糠谷、沙粒。这种现象非常普遍，买家卖家都习以为常。王永庆就以此为突破口，下大力气改善米的质量，筛簸米中的砂石、米糠，使自己的米纯净质优。同时，王永庆还改善服务质量，不但送米上门，而且还放米进缸，帮顾客腾清、洗刷米缸，把新米放下层、陈米放上层。他做每一件事情都非常认真，就像给自己家干活儿一样，有时候让顾客都很受感动。另外，王永庆还有一个小本子，上面详细记载了顾客家米缸的容量、人口以及月用米量的多少等，他估计该顾客米快吃完时，就主动将米送去。这样，时间一长，人们都认可了王永庆的米店，说他的米店质量优良，服务周到，信誉最佳。于是，他的米店生意兴隆起来。

王永庆开米店之初，每天只能卖一包米，一年后每天可卖十几包。他挣的全是辛苦钱，利润非常低，每包米只挣一毛二分钱。

稍有积蓄后，王永庆又开了一个碾米厂。因他隔壁是一家日本人开的碾米厂，其设备、经验都比他优越，但王永庆以勤补拙，每天早开工晚收工，比日本碾米厂多开工四个半小时。这样，他的碾米厂取得了很好的成绩，在嘉义米行中有口皆碑。永庆米行在嘉义20多家米行中排在了第3位，而他隔壁日本人的米行排在第4位。

抗日战争期间，因粮食实行配膳制，王永庆无米可卖，于是转行经营木材。日本投降后百业待兴，王永庆经营的木材业得到了发展的契机，到1946年，他积累的资本已达到5000万元台币。

在20世纪50年代初，王永庆开始经营塑胶产业。他以大无畏的开拓精神，在塑胶产业中取得了令世人震惊的业绩。根据台湾《天下杂志》的调查，王永庆开创的台塑集团已是台湾各企业集团的龙头老大，拥有员工近7万人，营业额近3800亿元新台币；台塑集团六轻厂完工投产后，乙烯产量超过日本、韩国的各大厂家，居亚洲第一，跻身全球十大厂之列。他的竞争对手也不得不由衷地佩服王永庆，称他为台湾的“经营之神”。由此，王永庆还获得了“胶塑大王”的美誉。

王永庆的人生经营得非常成功。他在事业上之所以能取得这么大的成就，除了他本人天资聪颖，有经商的头脑外，还归功于他不怕吃苦，勤奋地工作。

捷克大教育家夸美纽斯说：“勤奋可以克服一切障碍。”而美国哈佛大学一位心理学教授指出，一个人在一生当中能否获得成功，智商的高低并不是决定性的因素。许多事实已经证明，不少获得重大成就的人，智商其实并不高。他们的成功，主要靠后天的勤奋努力。

爱因斯坦也曾说过：“天才和勤奋之间，我毫不迟疑地选择勤奋，它几乎是世界上一切成就的催产婆。”这句话，应当成为我们每个人的座右铭。

在今天的职场上，没有哪份工作是不需要勤奋努力就能轻轻松松胜任而有所收获的。你也许还是觉得光凭勤奋，不一定能够完成一件了不起的工作，因为你不是天才。其实不然，真正形成天才的决定因素就是勤奋。化学元素周期表的发明者门捷列夫说：“终生努力，便成天才。”文学家高尔基也明确指出：“天才就是勤奋。人的天赋就像火花，它可以熄灭，也可以燃烧起来，而威逼它燃烧成熊熊大火的方法只有一个，就是勤奋、勤奋、再勤奋。”

退一步说，即使我们不是“千里马”，通过“老黄牛”精神，同样可以取得惊人的成绩！所谓“千里马”，就是一种日驰千里的良马。人们常常用它来比喻具有聪明才干的人，尤其指智略干练的王佐之才。这种才干是人们在世界上得以建功立业的宝贵条件。虽然我们每个人不可能那么幸运得到上天的眷顾，拥有“千里马”之才，但是好在我们可以选择坚韧不拔、埋头苦干、顽强拼搏的“老黄牛”精神。靠着这股“牛劲”，我们可以充分发扬勤奋精神，用辛勤的工作，去弥补自己先天上的不足。相信只要我们愿意勤奋地工作，忘我地努力和付出，就会一分耕耘一分收获，不仅能成为职场上最受欢迎的人，也可以在自己所从事的领域做出一番成绩来。

成功没有捷径可走，聪明才智早已不是人可以骄傲的资本，因为一个人无论他多么聪明，如果他对自己的工作不勤奋，不乐意付出自己的努力，那么即使他有旷世之才又有什么用呢？只能白白浪费了自己的才华罢了。可见，只有点滴勤奋的工作积累才是令一个人成功的要诀。笨鸟先飞早入林，早起的鸟儿有虫吃！正像蝉联三次世界篮球冠军的天才教练蓝帕第说的：“任何一位顶天立地、有作为的人，不管怎样，最后他的内心一定会感谢刻苦的工作与训练，他一定会衷心向往训练的机会。”

【职场真理】

在职场中，只有那些不怕吃苦、勤奋工作的人才能站得住脚，也只有那些勤奋的人，才能在工作中得到自己想要的东西，成为职场上胜出的佼佼者。

2

用100%的热情做1%的事

热情和专心不仅能够帮助我们提高工作效率，同样也是我们把事做好的必备条件。

热情是一种难能可贵的品质，更是我们能够把事情做得更好的保证。正如拿破仑·希尔所说：“要想获得这个世界上最大的奖赏，你必须像最伟大的开拓者一样，拥有将梦想转化为实现梦想而献身的热情，以此来发展和销售自己的才能。”

热情是帮助人提高工作效率的最佳补药，人只有对工作投入了极大的热情，才能对工作专心，而热情和专心的人才能拥有高效率的工作状态，进而创造出高效率的工作业绩。可见，人要想取得成功，就不能缺乏对工作的热情和专心，否则你很难在工作中创出一番事业。

历史上许多巨变和奇迹，不论是社会、经济、哲学或是艺术，都是因为参与者投入了100%的热情和专心才得以进行的。拿破仑发动一场战役只需要两周的准备时间，换成别人则需要一年，之所以会有这么大的差别，就是因为他对在战场取胜拥有无与伦比的热情和专心而已。在现实的工作生活中，有无数的人正是因为对工作的热情和专心，才在自己的领域中有所成就。

吕思是一家广告公司的创意文案策划人，他很喜欢自己的这份工作。在公司里，吕思一工作起来，就像进入了忘我的状态，他对工作投入的那份巨大的热情和专注，总是在不知不觉中影响感染着周围的同事。吕思对工作的热情和专心，让他的工作效率也比一般的同事要高很多。

一次，一个著名的洗衣粉制造商委托吕思所在的公司做广告宣传，负责这个广告创意的好几位文案创意人员拿出的东西都不能令制造商满意。没办法，经理让吕思把手中的事先搁置几天，专心把这个创意文案完成。

连着几天，吕思在办公室里抚弄着一整袋洗衣粉，在想："这个产品在市场上已经非常畅销了，人家以前的许多广告词也非常富有创意。那么，我该怎么入手才能重新找到一个点，做出一个与众不同、又令人满意的广告创意呢？"尽管想出一个绝妙的创意很辛苦，甚至是很累，但是吕思还是对工作投入了巨大的热情，因为对工作的太投入，他有时甚至连饭都忘了吃。

有一天，他在苦思之余，把手中的洗衣粉袋放在办公桌上，又翻来覆去地看了几遍，突然间灵光闪现，想把这袋洗衣粉打开看一看。于是找了一张报纸铺在桌面上，然后，撕开洗衣粉袋，倒出了一些洗衣粉，一边用手揉搓着这些粉末，一边轻轻嗅着它的味道，寻找感觉。

突然，在射进办公室的阳光照耀下，他发现洗衣粉的粉末间遍布着一些特别微小的蓝色晶体。审视了一番后，证实的确不是自己的眼睛看花了，他便立刻起身，亲自跑到制造商那儿问这到底是什么东西。得知这些蓝色晶体是一些"活力去污因子"，因为有了它们，这一次新推出的洗衣粉才具有了超强洁白的效果。

在明白了这些情况后，吕思感到非常兴奋，他匆匆赶回公司决定就从这一点入手，为产品寻找最好的文字创意。又经过一天的绞尽脑汁、冥思苦想，吕思推出了非常成功的广告方案。吕思这次拿出的广告方案，前后所用的时间加起来只是同事们的一半，工作效率大大高于同事。广告播出后，这种产品的销量急速攀升。而吕思这次高效的工作状态和取得的非凡成绩，也成了同事们争相学习的榜样。

发生在吕思身上的事告诉了我们这样一个道理：只要我们具有不怕苦不怕累的精神，对工作投入全部的热情和专心，忘我地努力付出，就能提高工作效率，取得不错的工作成绩。下面就让我们来看看杨丽的职场故事：

杨丽是某金融担保公司的职员。在三年的工作中，她始终任劳任怨，赢得了“难不倒”的美誉。

凭着自己对工作的热爱和付出的努力，杨丽晋升为本部门的小组领导。由于她总能认真倾听同事的想法，了解部下所关心的事情，并领导她的部门出色地完成每一项任务，所以，杨丽的小组赢得了好评，成为全公司公认的可以委以重任的团队。

与此相反，三楼有一个运营部门，人数众多，绩效却不理想。他们与杨丽的团队形成了鲜明的对比，因此成为大家批评的焦点。为了能让公司有一个全面的改观，老板决定提升杨丽为三楼运营部门的业务经理。

几个星期后，杨丽慎重而又很不情愿地接受了提升。虽然公司对她接手运营部门寄予厚望，但她却是硬着头皮接受了这份工作。工作的开展自然十分艰难，但是，杨丽迅速调整心态，把心里的不情愿变成了热爱，同时，她又是一位工作起来非常专心的领导，因为这份专心，让她总能够及时地发现工作中一个细微的错误或关注到工作中一个细节是否执行到位。她这种热情、专心、高效的工作状态深深地影响了每一位员工，最终，在杨丽的带领和鼓舞下，她所在的部门迅速改变面貌，员工的工作热情上来了，工作效率也大大提高了，并最终成为公司的典范。

作为一名员工，杨丽被升任为一个新部门的经理时，她对工作由开始的不喜欢，到后来强迫自己热爱上工作，并提高了整个部门员工的工作效率，扭转了乾坤。从杨丽在职场上的变化来看，我们不难发现，只有热情和专心，不怕困难，敢于吃苦，才是打造高效率工作状态的法宝，它们就像一把尚方宝剑,会让我们在职场上所向披靡。

在现实社会里,无数的事实也证明了这样一个道理:人们如果害怕吃苦,吝啬付出,没有热情和专心,则很难提高工作效率,是不可能在工作中得到什么收获的,也很难收获一个充实有价值的人生。

在我们身边,有很多人受过良好的教育,做着一份不错的工作,拿着一份不低的薪水,但是他们并不开心、快乐,是什么原因呢?主要是因为他们怕付出,不敢吃苦,对工作提不起兴趣,更别提专心和高效率了。这的确是一件很让人感到悲哀的事情!为了改变这种乏味的生存状态,人应该改变对待工作的态度,不要害怕吃苦,而是要让自己喜欢上自己的工作,这样的话,热情、专心和高效率就会主动跑到你的工作和生活中来了。也只有这样,我们才能敢于面对工作中的困难,有效地解决它,让工作中的苦事变成乐事。

山姆·沃尔顿是沃尔玛的创始人,外界评价他是一个热情、乐观,具有良好品质的人。他不仅对工作倾注全部的热情,还把这股热情传染给他的20万职工。于是,沃尔玛从上至下都体现出一种热情、专心、高效的工作氛围。

当一个顾客走进沃尔玛时,他在30秒钟之内便能得到亲切的问候,即便商场职员都在为别的顾客服务。在这种情况下,职员通常会请正在为之服务的顾客原谅:"对不起,我去跟那位顾客打个招呼请他稍待片刻,您不会介意吧?"这些话常常会得到顾客的原谅和好感。

在职员们问候完新到的顾客后,通常会加上一句:"感谢您的耐心,很快将会有人过来为您服务。"刚到的顾客和已到的顾客都会感到非常满意——他们都会表现得很兴奋。

沃尔玛这种热情、专心和高效的服务得到了回报,十年以前,美国最大的零售商,排名第一位的是西尔斯,第二位是蒙哥马利中心,第三位是JC彭尼零售店。今天,沃尔玛已成为世界上最大的零售商,而成就沃尔玛的秘密武器,就是沃尔玛公司内每一个职员的热情。

从上面的事例中,我们可以看出,一个人可以什么都没有,但是一定要有肯吃苦的精神。因为当我们拥有这种精神后,便会换一种态度去面对自己的工作，会对工作充满了热情，会专心致志地把工作做好。否则，我们就真的难以成功了。

【职场真理】

无论自己所做的是什么样的工作，我们都需要充满热情而专心地面对，只有这样才能把工作做得更好。

3

用心才能把工作做好

认真做事不仅是员工对工作敬业的表现，也是做好工作的前提和保证。

世界上最怕的就是“认真”二字。在职场中，我们要把工作做好，取得不断地发展，就必须用心、认真地对待自己的工作。而要做到“认真”，我们就要拥有不怕苦不怕累的精神。事实上，在我们的身边，有许多的人就是因此而成就了自我职场的辉煌。小曾，下面事例中的主人公就是像这样的一名员工。

小曾大学毕业后，离开家乡到深圳去赚钱。离开家门的时候，父亲给了他 800 元，这是全家人勒紧裤带好不容易才节省下来的。

到深圳后，小曾在一家干货店找到了份工作。第一年，他在那里干跑腿的活，每天天不亮就要起来工作，但每个月的工资只有 800 元。在升为店员之后，他在店里的工作时间是从早上 8 点直到晚上关门。

“我总是很留心，很谨慎，”小曾后来说道，“必须要在顾客到之前赶到店里，在顾客全部离开后，还得等上一会儿再下班。我这样做就是要使自己成为一个非常优秀的销售员。我尽量从各个方面学习一切有价值的东西，我完全明白了'将来的一切都将取决于我现在努力'"。

那家干货店的规定是非常严格的。其中一条要求每位店员早上上班时必须登记，午餐时间超过1个小时，或者晚餐时间超过45分钟，每次都要罚款。小曾从来没有违反过规定，再加上工作表现出色，他很快就得到店主的信任，没过多久就得到了店主的器重。

可见，不怕苦不怕累、用心是一种最认真的工作态度，是一个人走向卓越的起点。

每一个人都拥有难以估量的巨大潜能，假如能够以认真负责的态度用心对待自己的工作，就能够把自己身上的潜能最大限度地发挥出来，把事情做得更好。反之，却可能因为怕苦怕累，而养成敷衍的恶习。

一个人如果养成了敷衍的恶习，必定会轻视自己的工作，甚至轻视人生的意义。这里有个木匠的故事：

老木匠的徒弟要"出师"了，临别时老木匠向徒弟传授最后一个，也是最宝贵的一个经验。老木匠语重心长地说："你的技术已不在我之下，但能否成功我却不敢担保。但是有条对待工作的准则，你必须学会。我给你讲一个故事，你自己去领悟吧。"

老木匠开始慢条斯理地讲故事：

很早以前有个人做了一辈子的木匠工作，他因勤奋认真而深得老板的信任。年老力衰时，他对老板说，自己想退休回家与妻子儿女共享天伦之乐。老板十分舍不得他，再三挽留，但是他去意已决，不为所动。老板只好答应他的请辞，但希望他能再帮自己盖一座房子。木匠自然无法推辞，但他归心似箭，心思全不在工作上了，用料也不那么严格，做工也不似从前那样细致，工作完全失去了以前的水准。老板看在眼里，却什么也没说。等到房子盖好后，老板将钥匙交给了木匠说："这是给你的房子。作为这些年来你勤勤恳恳工作的礼物。"

木匠愣住了，悔恨和羞愧溢于言表。他一生盖了那么多豪华的房子，最后却为自己建了这样一座粗制滥造的房子。

讲完故事后，老木匠告诉徒弟，故事中的木匠是自己的师傅。木匠惭愧地回家后，收下自己为徒，将毕生的精湛手艺全传授给了自己。但是自回乡后他谢绝了所有请他造房子的乡亲，因为他觉得自己再也没有脸面与资格去给别人造房子了。

徒弟恭敬地听完老木匠的故事，聪颖灵慧的他从师傅的故事中悟出了深意。在自己的工作中，他都会认认真真做好每一件事情，无论对方给的报酬是多还是少，他都是将最好的工作呈现给对方，最后他的手艺已经有口皆碑。后来，徒弟也有了接班人，在徒弟出师时他也将自己的工作感悟传授给徒弟：同一个人，可以盖出豪华坚固的房子，也可以建造出豆腐渣似的房子，不是因为技艺不精湛，而是胸中的那颗心出现了问题。

老木匠的故事，让我们懂得只要踏实认真地工作，不怕吃苦，乐于奉献，那么即使是在平凡的工作岗位上也能作出一番成绩来。可惜的是，在现实的职场中却很少有人能做到这一点，他们认为自己所做的工作是在替别人打工，因此对工作马马虎虎、敷衍了事。想想看，在这样的观念影响下，他们怎能正确地面对工作，又怎么要求自己把工作做好呢？

没错，我们每一个人都希望能在职场中得到较好的发展，获得成功。那么，我们怎样才能获得成功呢？这就需要我们把事情做好，并取得一定的成绩，而我们要想把事情做得更好，就不能不用心地去面对自己的工作。因为只有当我们用心了过后，才能更加认真地面对工作，才能更为热情地面对工作。

【职场真理】

在职场，无论你有多高的学历，也不管你有没有过硬的背景，最终决定你发展的是你的工作业绩。你只有用心、认真地面对自己的工作，才能做出好的业绩。

4

不抱怨工作，用心解决工作中的难题

作为员工，只有静下心来认真负责地做事，才不会被抱怨所左右，才能在工作中做出出色的成绩，从平庸走向优秀。

生活在这个世界上，我们总会遇到这样那样的问题。解决这些问题，是我们每天都必须要面对的事情。对身在职场中的每一个人来说，就应当勇敢面对这些问题，发挥不怕苦不怕累的精神，去解决这些问题。然而，令人感到遗憾的是，现实中有些人一旦遇到问题后，不是抱怨，就是逃避，像这样的员工是很难在职场中有什么好的发展的。

那些在职场中深受老板器重的优秀员工跟普通员工的最大区别就在于，他们在工作中遇到难题后，从不抱怨，而是积极主动去想办法解决问题，把工作做好。他们以实际行动告诉我们：在工作中，无论遇到什么样的问题都不要抱怨，而是应该发扬一种不怕苦不怕累的精神，积极主动想办法去解决问题。因为，我们的工作本身就是在解决问题。

康小倩大学毕业后在一家公司做节能厨具推销员。刚开始她被分配去做上门推销，工作的第三天，她就向组长抱怨说："现在人们都很讨厌推销的，一看见我，还没等我说话，就'砰'的一声把门关上，关门前还送我一个白眼。"

康小倩请求调到销售专柜工作。了解到这三天来康小倩确实没有推销出一件厨具，组长就把她调到商场的销售专柜做销售。又过了两天，组长去商场的销售专柜看大家的工作情况。别人都是笑脸相迎，只有康小倩还是愁眉苦脸。

组长把康小倩叫到办公室，问她："怎么别人都是笑脸迎顾客，只有你愁眉苦脸的，这样顾客怎么会光顾呢？"

康小倩说："我按照产品的相关资料把节能厨具的性能都背

下来了，他们还让我解释得更明白些，我不知道怎么说。还有他们问我，公司的产品和售后服务有什么优势，我说不清楚，他们就走了……”

听完康小倩的话，组长对她说：“康小倩，其实工作就是解决问题，而不是逃避问题，你遇到的这些问题都应该主动去面对，这才是最有效的解决办法。你上门推销遇到吃‘闭门羹’，你没有想办法解决；到销售专柜，你又遇到对产品和服务不熟悉的问题，还是不想着怎么去解决。如果总是这样的话，我真的不知道让你干什么，因为不管把你调到任何一个岗位上，你还是会遇到问题。”

走出组长的办公室，康小倩还在回味刚才组长的话。“工作就是解决问题”，她认真回忆自己从开始工作到现在所遇到的问题：怎样让客户感觉到你的真诚和热情？怎样把产品的性能和特点解释得更明白？怎样才能让客户体会到公司售后服务的保障？并在想怎么才能把这些问题解决掉。

从此以后，康小倩在工作中一边思考，一边体会，把工作中遇到的任何事情都与解决这些问题联系起来。大家发现，康小倩在接听顾客电话时，不再是机械地说一些礼貌用语和背产品说明书上的内容，而是用亲切的语气问候顾客，然后用一些生活化的、比较形象的语言说明产品的特点。顾客们都很喜欢康小倩的服务，有的人在听了她的解说后当场就决定购买。而在销售的过程中，康小倩也学到很多东西。

组长看到康小倩的变化，主动请示经理给康小倩提加薪，并让她参与公司营销方案的策划。有一天，康小倩拿着自己写好的策划方案交给组长，组长说：“这回知道解决问题的好处了吧？”

康小倩笑着点点头，自信地说：“知道了，解决问题让我感到工作很快乐，有一种满足感和自我肯定感。每当看到顾客的笑脸时，我感觉我的工作是很有意义的。”

确实，在工作中我们总会遇到这样那样的问题，而我们要想把工作做好就必须妥善地解决这些问题。从某种程度上来说，我们工作的主要内容就是为了解决问题的。倘若我们在遇到问题时,总是抱怨,总是寻找借口逃避,又怎能真正地把工作做好,做出成绩呢?

在工作中遇到难题,拒绝抱怨,而是积极主动地去寻求解决问题的方法,不仅能让我们顺利地完成工作任务,还会让我们在这一过程中学到更多的知识,让我们将来能够把工作做得更好。

当然,要想解决工作中难题,我们还得去做,脚踏实地地去做,否则的话,是不能解决任何问题的。

著名品牌肯德基打入中国市场前,曾派两名代表到中国考察市场。第一位代表来到首都北京,看到街道上人头攒动的场面,内心激动不已,尽情地畅想着肯德基一旦在中国站稳脚跟后的美好未来。在我们看来那位代表的工作也算得上是尽职尽责了,但回到公司后总裁还没等听完他的"美好遐想"就暂停了他的工作,另派了一位代表来北京。

新代表与上一次不同的是,他先是在北京几条街道测出人流量,进行了大量的实地走访,然后又对不同年龄、不同职业的人进行调查,并详细询问了他们对炸鸡的味道、价格等方面的意见,另外还对北京油、面、菜甚至鸡饲料等行业进行广泛的摸底研究,并将样品数据带回总部。

不久,那位代表率领一队人又回到北京,"肯德基"从此打入了北京市场。

从上面的事例我们可以看出:解决问题绝对不能停留在口号上或者幻想中,一定要拿出行动来,空谈是解决问题的绊脚石。对实际工作中遇到的各式各样的困难,我们需要发扬不怕苦不怕累的精神,鼓起勇气,用行动、用智慧去解决。

然而,现在很多人在解决问题时,因为害怕吃苦,不是空喊一些激动人心的"口号",做一些引人注目的"宣传",发一些空洞无物的"指示",就是夸夸其谈,幻想美好的前景,而对于解决问题的具体方法却很少费心思、动脑筋、下精力,其结果就是没有任何成绩。

【职场真理】

抱怨、逃避都不可能让问题自动消失,消失的只是我们职场的前程。

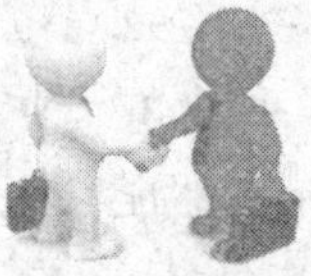

5 拒绝浮躁，安心面对工作

在工作中，如果你心态浮躁，什么事情都想一步到位，不但会给公司带来损失，也会白白浪费掉宝贵的时间以及之前积累的工作经验。

水往低处流，人往高处走。谁都希望干的活轻松点儿，挣的钱多一点儿，生活得好一点儿，这无可非议。然而，在我们身边，有的人为找不到工作着急，牢骚满腹，脏活累活不愿意干，别的工作又干不了。有的则在自己的工作岗位上不安分守己，眼高手低，这山看着那山高，总认为自己怀才不遇，总认为自己运气不好，于是不珍惜眼前的岗位，盲目跳槽，结果跳来跳去，一事无成。

要知道，一个人能否成功不是看他所在的公司大小、岗位好不好，而是看他的工作态度。再说，大公司也都是从小公司发展而来的，肯德基一开始也不可能满世界的到处开店，如果你在小公司里工作表现很优秀，和它一起共进退，小公司也会发展起来的，一旦公司发展起来变成了大公司，那你就会升迁到高级管理层，就不再是当年的那个小职员了。因此，不管你所在的公司是大是小，岗位怎么样，你都要懂得珍惜，不要害怕吃苦劳累。

李治和王春是同一所大学毕业的学生，她们一起去了本市一个很有名的广告传媒公司应聘，但是人家都是要有至少1年工作经验的员工，于是小李和小王就被淘汰了，无奈之下，两个人一起进入了一家很不起眼的广告传媒公司。

上班之后，两个人发现，虽然公司是小了点，但是公司的工作环境非常好，最重要的是通过接触，她们发现这里的同事很热情，而且老板也是很客观的一个人，他很尊重员工的才华和意见，两个人也有很高的工作激情，虽然是职场新人，可是经过努力，两个人都有了出色的表现，一些作品还被大企业看重了，她们的名气也随之提高了，这样就有很多公司来挖她们，其中就有之前她们去应聘的那家大的广告传媒公司。小李是一个很理性也重情义的人，她觉得这么多年了，公司培养自己不容易，而且眼看着公司的发展也越来越好，以后一定会不断地扩大，所以即使别人现在给出自己目前两倍的薪水，也不走人，但是小王却和她想的不一样，她觉得进入大公司一直是她的梦想，那里才是她真正的归宿，就这样，小李留了下来，而小王去了那家大公司。

小王本以为进入大公司可以大展拳脚了，哪想到，大公司里人人都是精英，而且每个人都有自己的圈子，她这个后去的人自然会受到排斥，而且公司的老板也不像以前那个老板那么客观，不是很尊重员工的意见，他说什么就是什么，结果小王越干越没劲头了，后悔自己当初的决定，而小李经过不断的努力，现在已经成为资深的广告策划人。

工作是一辈子的事儿，所以要看好了再做选择，选择之后就不要后悔，一直坚持做下去，不要因为公司规模的大小而影响了你的工作激情，不要因为公司的环境差而抱怨，不要因为工作的辛苦而逃避，我们要记住的是：是金子总会发光的，只要我们拥有不怕苦不嫌累的精神，认真地面对自己的工作，担负起工作的责任，就能作出一番成绩。当我们做出相应的业绩，老板与上司会看到眼里，记在心里，迟早有一天，我们会得到回报的。

而很多时候，人们却不承认自己怕吃苦，反而觉得跳槽时非常潇洒，自认为“此处不留爷，自有留爷处”。一个频繁转换工作的人，在经历了多次跳槽后，发现自己不知不觉中形成了一种习惯：工作中遇到困难想跳槽；人际关系紧张也想跳槽；看见好工作就想跳槽；有时甚至莫名其妙就是想跳槽，总觉得下一个工作才是最好的，似乎一切问题都可以用转移阵地来解决。这种感觉使人常常产生跳槽的冲动，甚至完全不负责任地一走了之。

要知道，跳槽于事无补，它不能从根本上解决你遇到的问题。你换个工作，照样会遇到工作上的困难，人际关系也会因个人原因而紧张，工资也不一定会比以前高。因此，换工作不如换个心态。

你要是觉得上班工作时间过长，先问问自己是不是工作效率太低？

还是业务真的超负荷？若是前者，不正是自我提升与学习的最好机会吗？若是后者，应寻求其他支持，或向领导提出解决办法。

当你对职场工作气氛不满时，你是否想过，是你的人际关系处理得不好，还是你对领导、同事一直看不顺眼？不要一直站在自己的角度去思考问题，换一个角度看，可能是另一片海阔天空，试试用自己的态度或幽默感改善大家的气氛吧！

如果你工作时间很长，还没得到提拔，你可以思考一下，是公司没有人获得升迁，还是你的绩效不佳？不要只会嫉妒别人升迁，或是先入为主地认为别人升迁是靠关系、拍马屁。可能别人的努力你都没有看见。

你怕累，埋怨上班交通不便，其实你完全可以早点起床，可以改变自己晚睡的习惯。每个人都有惰性，但在工作上，只有勤劳才会有收获，那是基本的自我要求。

准备换工作的朋友，请仔细想想，自己曾经从事过的每一份工作，多少都存在着许多宝贵的经验与资源。例如失败的沮丧、自我成长的喜悦、温馨的工作伙伴、值得感谢的客户等等，这些都是人生中值得学习的经验，如果我们正确地认识到自我的责任，在工作中发挥不怕苦不怕累的精神去工作，相信我们工作的心情与态度，便会有所改变。

【职场真理】

如果每个员工拥有吃苦耐劳的精神，在工作中就不会心浮气躁，更不会因此而频繁跳槽。

6

耐得住寂寞才不会失落

在工作的时候，千万不要心急气躁，而应当以平和、平稳的心态面对。

这样才能把工作做好。

在竞争激烈的职场中，我们要得到较好的发展，就必须珍惜现在拥有的工作，脚踏实地地做好它，千万不要害怕工作中的艰苦。然而，在现实中很多人怕苦怕累，不懂得珍惜，感受不到工作的乐趣；他们轻视自己所从事的工作，在工作中敷衍搪塞、得过且过，并将大部分心思用在如何摆脱现在的工作环境上。这样的人在任何地方都不会有所成就。因为公司需要那些受过良好的职业训练、勤奋敬业的员工，和那些具有非凡才干、忠诚守信的管理者，而不是投机取巧、嘲弄抱怨的平庸劳动力。也就是说，只有不怕吃苦不怕受累，耐得住寂寞，我们才能得到更好地发展。

有一个旅人讲述了这样一个具有启发意义的故事：

我是一个爱好旅游的人，喜欢去各个地方走走，了解那里的风土人情，感悟大自然的奥妙。在我的记忆里有这样一个年轻人，让我永远也忘不掉。他叫斯特，是个年轻沉默寡言的小伙子。

那是和朋友到佛罗里达的一次游历。我们在那里参观了工场、医院等地方。最后，我们又去了当地的水电站。那是一个壮观的钢混结构工程，大部分的时间都利用水力发电。水电站的负责人就是斯特，他掌控着全局，也很有经济头脑。之后，我们便与他攀谈起来。

我注意到通往水电站的公路旁有一条砖路，斯特无意中提到，那是他和他的工人们一起铺筑的。他开玩笑说，他们这样做仅仅是为了消磨时间。因为在通常情况下，那样的工作都是交由包工队完成的。

我问了他几个问题，诸如他是哪里人等等，但他微笑着将话题避开，然后又将我的注意力拉回到他们新引进的发电机上。

中午休息时，水电站的一位老员工对我说："你最好注意一下斯特，他是个很出色的孩子，他 3 年前才来到这里的，当时我们在建设发电厂，包工头就雇佣他当作他们的送水员，而第二周，他就当上了计时员。"

一天晚上，老板看到斯特撕开几米长的红色法兰绒布，然后将它们包在日光灯上，看起来他们没有足够的红灯照明。他很抱歉地解释说他们没有足够的资金购买相应的设备以替换已损坏的那些。

这就是斯特所有的回答，他从不多说什么无益的话，但他总是能将事情做得很好。他总是早上很早便来到电厂上班，而且往往是晚上最晚一个离开。

斯特在水电厂勤勤恳恳地工作了一年，当包工队将要离开的时候，斯特已经当上了包工队的老板助理。

每次老板去芝加哥开会的时候都会把所有的权力都放到他的身上。没有什么所谓的‘任命’，他就那么自然而然地临时接替了老板的职务。

接着，包工队又在西雅图找到了另一份工作。当包工队的老板去那个城市指挥工作的时候，他又把这里的一切事物交由斯特全权处理。

最后，当一切工程就位，发电厂开始正常运行之时，施工队决定留下这个能干的小伙子。

包工队的老板在电话里不同意放人，而我们则坚持聘用他。虽然他本人也觉得他应该跟随最初收留他的包工队，但我们应允向他提供等值于10000美金的股票为薪金时才最终留下了他。

现在，他是属于我们的财产，也是这个城市的一员。他说得很少，但很专注于他的工作，从不参与到任何纷争、口角或派系的明争暗斗中去。他已经学习了电力工程知识，现在他对管理水电厂方面的知识掌握的相当好，绝不亚于我们平时所掌握的经验知识，他还时常鼓励大家学习和运用先进知识，他还草拟计划、画草图，并向大家提供好的建议。大家都一致认为，如果你给他充足的时间，他一定可以做到一切你所期望他做到的事。

这是一个普通员工成长的故事，他的身上没有什么显赫的光辉，但是他对待工作认真负责的态度却值得我们每个人学习。现代社会，这样的人很难寻找。与之相比，很多年轻人总是为找不到一份好工作着急，而当他们获得了一份工作时，却又耐不住寂寞，不懂得珍惜，整天牢骚满腹，脏累活不愿干，眼高手低，这山看着那山高，总认为自己怀才不遇，总认为自己命不好，但事实上其真本事却没有多少，把他放在重要岗位上还真干不了。可见，故事中斯特的工作成长历程是值得我们每一个敬佩的。

生活中还存在着这样一群人，他们看不起自己的工作，不但不感激公司给予的工作，还认为公司将最低位、最卑贱的活安排给了自己，甚至有时会诋毁自己的公司。如果你是一个这样的人，那你不配担任这份工作。事实上，所有正当合法的工作都是值得尊敬的。公司将这份工作交给你，是对你价值的肯定，更是对你的考验。那些只知道要求高薪，却不知道自己应承担责任的人，无论对自己，还是对公司，都是没有价值的。

在许多年轻人看来，尤其是刚走出大学校园的年轻人，他们认为公务员、教师或者大公司管理人员才称得上是体面的工作，认为自己给公司工作就应该得到重用，就应该获得丰厚的报酬。他们在薪酬上相互攀比，仿佛工资是他们衡量一切的标准。某些工作也许看起来并不高雅，工作环境也很差，也会吃很多苦。但是，请不要无视这样一个事实：有用才是伟大的真正尺度。房子是从低级开始盖的，工作也是同样的道理，不要小瞧了你现在看起来不起眼的工作，它可是你将来建功立业的地基。所以，你必须学会珍惜你眼前的工作，它是你将来成功的基石。下面故事中的孙强便是从最辛苦的工作干起，经过打拼坐到了经理位置。

孙强是一家汽车美容店的洗车工，他是一个从山区来的穷孩子，家里的弟弟妹妹靠他每月寄回的 300 元钱上学。孙强总是默默地干活，从来不抱怨什么，以至于他经常被一些自以为聪明的同事当成傻子。只要老板不在场，他们总是把最累最脏的活交给孙强去干，而孙强也从不会拒绝，每次洗完车，别的洗车工都坐一起打闹、嬉戏，只有孙强拿着抹布围着车转，发现有不干净的地方赶紧擦洗。

对孙强的行为，老板看在眼里，喜在心里。过了一段时间，老板开了一家分店。想来想去，直接就把孙强调到分店担任分店经理。老板对朋友说："别看孙强少言寡语，其实心里可有数了！他说话少，可干事实在，分店交给他，我放心。"

孙强是一个懂得珍惜工作的人。他明白，因为有了这份工作，自己才能够承担起弟弟妹妹上学的责任，所以自己只能用踏实苦干来回报公司的这份恩惠，也正是这份难得的责任心，他得到了公司的认可。孙强如此，宋诚也如此。

> 宋诚大学毕业就来到重庆，在一家公司担任质检工作，每个月只能挣1500元，而且还必须从早忙到晚。他的朋友们都劝他换一个工作，说这样低的工资不值得他如此卖力。可是他始终没有放弃，从不抱怨自己工资太低。他诚恳踏实的态度受到了老板的关注，一年以后，他的工资就涨到了3000元，并且被提拔到一个重要的部门。在新职位上，宋诚继续保持自己良好的工作习惯，最后被提升到副总经理的位置上，成为公司收入仅次于老板的人。

与轻松体面的工作相比，商业和服务业需要付出更加艰辛的劳动，需要更实际的能力。那些看不起自己工作的人，实际上是人生的懦夫。有些人用自己的天赋来创造美好的事物，为社会做出了贡献；另外有些人没有生活目标，缩手缩脚，浪费了天生的资质。本来可以创造辉煌的人生，结果却与成功失之交臂，不能说不是一种巨大的缺憾。

【职场真理】

要想成就一番事业就要在工作中求稳，不能心急火燎。

7 少说多做，用行动证明一切

想要成为公司重要的人物，就要脚踏实地地做出实际的业绩。

要想成为一个公司里杰出的员工，就要每时每刻想着如何提升自己的业绩，没有任何一个公司会喜欢那种怕苦怕累、不敢承担责任的员工，因此作为普通员工的你,必须要具有不怕苦不怕累的勤奋实干精神。

可惜的是,在实际工作中,很多人空话、废话满天飞,一点也不着边际。这些空言,既不能获得老板的信任,也不能为自己带来效益。其实,实实在在的行动,无须天天挂在嘴边,它彰显的是一种看得见、摸得着的东西。相比之下,它更能够获得周围人的认同。

事实上,实干胜于空言。多干实事,少说空话,勤勤恳恳地工作,以切实的行动来诠释自己的能力,比其他什么都有说服力!

张辰是一家大型企业的仓库管理员。一次,他看见公司的一位文员正在为公司编写一本宣传手册,但由于那位文员平时老说空话,文笔乏情,编写出来的东西实在难引起别人的阅读兴趣。张辰因为平时喜好阅读,勤于练笔,富于文采,便主动编了一本几万字的宣传材料,送到了那位文员的面前。

看过张辰编写的宣传材料,那位文员喜出望外,因为他发现这些材料文笔出众而翔实,材料精练而寓意深远,大大超出自己的水平。最后,他决定舍弃自己所编的东西而把张辰的这本材料交给总经理。

总经理把宣传材料仔细地看过一遍之后,第二天便把那位文员叫到了办公室。

"这应该不是你编写的吧?"总经理问。

"不……是……"文员用颤抖的声音回答。

"那么,这是谁编写的呢?"总经理继续问。

"公司的一位保管员。"文员答道。

"你叫他到我的办公室来一趟。"

"小伙子,你怎么想到把宣传材料编写成这种样子呢?"总经理看着张辰问道。

"我觉得这样做,不但有利于对员工进行宣传,灌输我们的企业文化、理念和管理制度,而且有利于对外提高我们的企业声誉,树立我们的企业形象,更有利于产品的销售。"张辰如是说道。

总经理笑了笑说:"很好!你以自己的行动实践着你对公司的忠诚,比说大话、唱高调的人要强百倍!"

几天后，张辰被调到了企划科任科长，负责对外宣传企业形象。一年后，因为工作出色，他又被调到总经理办公室任助理。

张辰的事例告诉我们：在工作中不怕苦不怕累，用积极行动承担起自己的责任，比那些空洞的承诺更令人信服。老板也将会对你的行动给予回报。

但在职场中我们随处可以见到的却是另一种人：他们害怕吃苦，不愿意付出，似乎只有等到别人强迫他们工作时，他们才会去工作。但他们对于自己的学识和才能却仿佛一无所知。他们从来没有真正考虑过，自己体内到底有多少智力与体能，遇到任何事情，他们似乎都是以敷衍的态度，用极少的精力作漫不经心的处理。他们似乎情愿永生永世待在山谷里，也不肯用力气、花心思向山上攀登，不肯下决心爬上山巅，把广袤的世界看个清楚。

不管是谁，如果遇到事情怕苦怕累，就绝对做不出什么事业来。世界上的各种伟大事业没有一件是只想“填饱肚子”的人，或者“得过且过”的人干成的。做成这些大事业的，都是那些意志坚定、不畏艰苦、充满热忱的人。

在那些得过且过、懈怠懒惰、愚蠢懦弱者的眼里，仿佛世界上一切的好位置、一切有出息的事业，都已人满为患。的确，懒散成性的人无论走到哪里，都不会有立足之地。社会的各行各业都急切需要那些肯负责任、肯努力奋斗、有主张有见地的人。一个富有思想和判断力、具有创造力、能够吃苦耐劳的人，随处都可以立足，在哪里都有希望。而另外一些只会埋怨机会太少，或怀才不遇的人，是一辈子都不会有出息的。只有懦弱无能者才会一天到晚埋怨没有事做，而那些对自己的力量有把握、自信能获得好位置的人，却从来不会到人家面前去诉苦，他们始终知道，只有行动才能说明一切，只有埋头苦干才是唯一的出路。

【职场真理】

优秀的员工想要赢得他人的尊重，就应以实际的行动做出能够令人尊重的业绩。

第四章　自动自发，敢于吃苦才能少吃点苦头

要想得到更好的发展，就必须把工作做得更好，这就需要在工作中始终保持积极主动性，发扬吃苦耐劳的精神，做好任何与工作有关的事。

1

积极行动，比什么都重要

唯有行动才是成功最有力的保证，没有行动，一切都是零！

太阳每天从东方冉冉升起，到了傍晚再缓缓从西边落下，同样的一天，每个人的收获却不相同。有些人在这一天中，行动积极，把工作做得很好，让问题得到了解决，事情朝更好的方向发展。有些人尽管对新一天的生活也充满了美好的憧憬和希望，但是他们前怕狼后怕虎，做事畏首畏尾，不敢采取行动，以至于让时间白白流逝。事实上，在这个世界上没有什么是不可能的。你要想做成一件事，要想实现心中的某个夙愿，你可以走的一个捷径就是积极地行动，不断地行动、付出、努力，直到成功。如果你选择放弃行动，一味地拖延、彷徨，那么，最终你不仅会失去有利的机会和形势，你的人生也将会变得没有价值和意义。

无数的事实告诉我们：行动便是人取得成功的基石。行动帮人战胜困难，撬动人生。

小时候的罗斯福哮喘病缠身，身体虚弱得甚至无法吹灭床边的蜡烛。回忆童年，罗斯福总会这样形容自己：“一个体弱多病的男孩”，“一段悲惨的时光”。小时候的罗斯福视力欠佳，异常削瘦，他身体状况糟糕得让他的父母不敢肯定他是否还可以活下去。不过，罗斯福还是活了下来。

罗斯福在回忆录中写道：“由于既虚弱又笨拙，所以我对自己毫无信心。我需要艰苦地训练自己的身体，更需要强化自己的意志和精神。”罗斯福明白，要想成为自己希望的那种人，则必须拿出勇气，通过磨炼来塑造自己。

记者亨利对罗斯福与自己的一番谈话记忆犹新："关于我一生经历的各种战役，人们谈论很多。其实，最艰难的一场战役只有我一个人知道，那就是战胜自己的战役。"接着，罗斯福描述了这场如何驾驭自身的战役："只有通过实践锻炼，人们才能够真正获得自制力。也只有依靠惯性和反复的自我控制训练，我们的神经才有可能得到完全的控制。从反复努力、反复训练意志的角度上而言，自制力的培养在很大程度上就是一种习惯的形成。"

罗斯福对自制力的训练贯穿了他的一生，也融入了他的日常活动中。即便是在总统任职期间，他也仍然坚持自己的实践训练。在他入主白宫的那些日子里，就像罗斯福自己所说的那样："我总是在下午尽量抽出几个小时进行体育锻炼——打网球，骑马，有时也行走在崎岖的乡间小路上。"在给朋友的一封信中，罗斯福写道："今天上午，在白宫接待处，我与 6000 个人握手；下午，我与 4 个孩子以及他们的几个表兄弟和朋友们一起痛快地骑马两小时。我们跨越栅栏，穿过山丘，一起在平地上飞奔。"

罗斯福从不浪费时间，在没有特殊事情需要处理的时候，他喜欢读书或是给朋友们写信。罗斯福也是一个崇尚行动的人，他更愿意参与而不仅仅只是旁观。他曾这样拒绝了一次观看棒球比赛的邀请："我可不愿意坐上两个半小时，而只是为了观看别人做事情。"

罗斯福的人生经历告诉我们这样一个道理：人能否在事业上有所建树，不在于这个人多么聪明，能力有多强，关键在于这个人能否以积极的行动去面对一切。

拿破仑·希尔认为，要成为一个成功者，必须积极地努力，积极地奋斗。可见，所有的成功者都是一有想法就会马上投入到实践中去，积极付诸行动，并在实干中摸索、前进的人。确实如此，爱迪生从不怕挫折，并把每一次挫折看作一次经验。实验、挫折、再实验……直至成功。他是靠孜孜以求的执著行动而成为大发明家的。巴尔扎克开始写作时经历了严重的挫败，他是在父母严厉要求下开始写作生涯的，在规定的两年时间里，他败得很惨，这时父母切断了他的生活费，他就一边谋生一边写作，虽债务缠身，可他仍选择了继续奋斗，终以其鸿篇巨作《人间喜剧》跻身于世界一流作家的行列。

积极行动，是攀登人生成功巅峰的法宝。中国女排五连冠的光辉历程，靠的就是刻苦训练，不但练出了运动技能，而且练就了积极的心态和高情商；著名的马家军中长跑女子运动队的每一次成功的记录，也都是靠日常的严格苦练而获得的。有很多人只是抱怨生活不公平，抱怨自己怀才不遇，但是，我们静下心来仔细想想，很多事情其实还是公平的。别人行动了，所以别人会成功。

如果我们一味追求完美，抱怨他人，抱怨社会；如果我们一定要等世上所有条件都完美后才开始行动，那么我们就只能永远等下去了。有的人一辈子都干不成一件事情，其原因正在于此。

有一个叫丽丽的女孩儿，她自幼便梦想成为一名电视节目主持人。她反应敏捷，言语幽默，又很能打动别人。别人和她在一起时，有什么心事都想找她倾诉。她知道怎样掏出别人的知心话，懂得对这些话应该给予怎样的评价。她常想："要是我有一次上电视的机会，我一定能够成为一个成功的主持人。"但她只是等待着，等待着奇迹的到来，而没有采取任何有效的行动，可是奇迹一直都没有来，这位女孩便一直都没有实现自己的梦想。

因此，如果你想做什么事情就去行动吧。如果你想去参加一次竞选，那就去；如果你有事想找老板谈话，那就去；如果你决定要辞掉现在的工作自己创业，那就去……真正行动起来后，你就会发现自己以前的担心、焦虑都是多余的，其实事情没有想象中那么困难。

克雷洛夫说："现实是此岸，理想是彼岸，中间隔着湍急的河流，行动则是架在川上的桥梁。"

只有行动才会产生结果，行动是成功的保证，任何伟大的目标、伟大的计划，最终都必然会落实到行动上。如果没有行动，一切目标和计划都会落空，一切都将变成零。

拖延是行动的死敌，也是成功的死敌。拖延使我们所有的美好理想变成幻想；拖延使我们丢失今天而永远生活在“明天”的等待之中；拖延的恶性循环使我们养成懒惰的习性、犹豫矛盾的心态，成为一个永远只知抱怨叹息的落伍者、失败者、潦倒者。成功学创始人拿破仑·希尔说：“生活如同一盘棋，你的对手是时间，假如你行动前犹豫不决，或拖延行动，你将因时间过长而痛失良机，你的对手是不容许你犹豫不决的！”可见像拖延这样的恶习，我们应该屏弃掉才行，唯有如此我们才能养成立即行动的好习惯！在今天，如果你想做一名非常优秀的员工，就应该在工作的过程中养成立即行动、马上动手做事的习惯，而不应有丝毫的犹豫和迷茫！

【职场真理】

对于世界上的任何事情来说，“立即去做”，就是一个良好的开端。当有了某种想法后，我们就应该赶紧投入到行动之中。

2 善于比别人多做一点

比别人多做一点，我们就能获得比别人更多的机会。

任何一个身在职场中的人都知道，除了自我的本职工作之外，还有其他的一些事情需要我们去做。那些优秀的员工在看到这些事后，不用吩咐便会积极主动去做。可是，对有些员工来说，他们觉得这些并不是自己的责任，认为那些主动去做的人是在自找苦吃。是否真的就像他们所说的那样呢？其实不然，多做一点，多付出一点并非是自找苦吃。可以这么说，“多付出一点”对身在公司的每一个人来说，都是成功的不二法则。胡雪就是这样一位不怕吃苦，懂得多付出一点的人。

胡雪当初刚刚从事工作时，职位很低，同事之间的竞争也异常的激烈。但是,胡雪是一个细心、踏实、能干的人。进入公司不久,她便注意到,每天下班后上司仍然会留下来在办公室里继续工作到很晚。因此,她想这也许是他能成为上司的原因,她也决定下班后留在办公室里继续工作。虽然公司没有硬性要求她这样做,但是她认为自己应该留下来,以便在需要时,为上司提供一些必要的帮助。

上司经常找文件,打印材料,最初这些工作都是他亲自做的。后来,他发现胡雪也在办公室里,便招呼她过来帮一下,并逐渐养成了找胡雪做琐事的习惯。

两年过去了,现在胡雪已经成为了上司的左膀右臂,担任其下属一家公司的总经理。胡雪之所以能如此快速地升迁,就在于每天鞭策自己多做些工作。也就是说,她在遵从"每天为公司多做一点"的工作准则。

胡雪的成功经历,对职场中的每一个人都是一种启发,那就是不要把自己的工作仅仅局限在8小时之内,因为在8小时之外的少量付出,也许可以让你获更多的发展机会,就如胡雪每天留下来多做了那么一点点,为自己争取了升迁的机会。

由此可见,多付出一点并不是自讨苦吃,而是一条帮助我们走向成功的康庄大道。也许在工作中,你的不计个人得失不一定能像胡雪那样幸运,能够被得到上司的注意,但只要你长期这样主动工作,总会有被公司看到并获得赏识的时候。

要取得突出成就,你必须比你身边的人多努力一些,学会多做一点点,你会得到意想不到的收获。

小陈现在是一家著名图书出版公司的高级主编。他毕业后便到了一家小的图书公司做文字编辑,他工作勤奋,而且常常积极主动地做一些分外之事。他说:"我并不仅仅只做我分内的工作,而是努力去做我力所能及的一切事情,并且是全心全意地去做。"

而小陈之所以能有现在的成就是由一件小事引起的。那是一个星期六的下午,一个中年人走进来问他,哪儿能找到一位录入员,因为手里有份很急的活需要当天做完。

小陈便告诉他，公司里所有的员工都去参加郊游活动了，再过几分钟自己也会去参加的。但是小陈告诉中年人自己愿意留下来帮助他，因为自己随时都可以出去玩。

做完工作后，中年人问小陈应该付他多少报酬，小陈开玩笑地回答："嗯……既然你的稿子要得这么急，那就收你100元吧。如果是别人的工作，我是不会收取任何费用的。"中年人笑了笑，向小陈表示谢意。

其实，小陈只不过是与中年人开一个玩笑，并没有真正想要拿100元。但是出乎小陈的意料，3个月之后，在小陈已经将此事忘到了九霄云外，中年人却找到了小陈，交给他100元钱，并且邀请小陈到自己公司工作，薪水比现在高出1000多元。原来那个中年人是某知名出版公司的经理。

在这个案例中，小陈放弃了自己出去游玩的机会，多做了一点事情，其最初的动机不过是出于乐于助人的愿望，而不是金钱上的需要，但是小陈这种积极主动的习惯不仅为自己增加了100元的现金收入，而且还给自己带来了一个比以前更重要、收入更高的工作。

对待工作，我们需要有多付出一点的工作态度。多做一点点，工作可能就大不一样。尽职尽责完成自己工作的人，最多只能算是称职的员工；如果在自己的工作中再多做一点点，你就有机会成为优秀的员工，成为优秀的管理者。

有人便问："如何才能做到让自己善于比别人多做一点点呢？"

(1)你要不断提高自己独立思考的能力

我们经常会发现，那些一夜成名的人，几乎都有自己独立思考的能力。只有善于独立思考，才会自动自发地工作，才会抓住机会获得成功。

当你具备了独立思考的能力之后，在工作的过程中能发挥自己的创意，不会机械地按照别人的吩咐按部就班地做事，而会主动的思考怎样才能在短时间内高质量完成任务；而不具备独立思考能力的人，在遇到需要自己主动去完成的任务时，只会寻找各种借口应付工作、敷衍工作。

(2)多为公司考虑一点

当你拥有"多为公司考虑一点"的思想之后，你在圆满地完成自己任务的同时，就会自然而然地给公司提供一些信息和策略，帮助公司实现更好的发展，你也会因此而得到赏识和提升的机会。其实说到底，多为公司考虑一点，就是多为自己考虑一点。因为员工就是公司的一员，公司任何细微的变化都会影响到员工能力的提升和事业的发展。

(3)在做好本职工作的同时做点额外事

职场中，工作基本上可以分为两种：本职工作和额外工作。我们要想更快地获得成功，除做好本职工作之外还应该做一些额外的工作。只有这样，你才能时刻保持积极主动的心态，才能得到更多的锻炼机会，才能把工作做得更好，才能在竞争激烈的职场环境中拥有更强的竞争力。

【职场真理】

“比别人多做一点”不仅会让我们变得更加勤奋，更加敏捷，并且还能让我们从竞争中脱颖而出。

3

主动付出才能积累职场资本

如果你想登上成功之梯的最高阶，就要永远保持主动。

虽说付出不一定有回报，但是没有付出就一定没有回报。在工作中，我们要想得到较好的发展，就必须做出比他人更为优异的成绩。

我们都听说过这样一句话：承担和收获成正比。确实如此，当我们能够尽自己的努力承担更多的责任时，所得到的收获可能是绿树成林；相反，我们怕吃苦，没有吃苦的精神，虽然看起来也在做事，但是由于没有尽心尽力，所得到的可能就是满眼荒芜。

那些在职场中得到较好发展的优秀人士告诉我们：要想成就自我在职场中的辉煌，就要敢于承担更多的责任，敢于吃苦。职场中老板欢迎的也是这样的员工。不信的话，我们不妨看看下面的事例。

一家人力资源部主管正在对应聘者进行面试。除了专业知识方面的问题之外，还有一道在很多应聘者看来似乎是小孩子都能回答的问题。不过正是这个问题将很多人拒之于公司的大门之外。

题目是这样的：

在你面前有两种选择，第一种选择是，担两担水上山给山上的树浇水，你有这个能力完成，但会很费劲。还有一种选择是，担一担水上山，你会轻松自如，而且你还会有时间回家睡一觉。你会选择哪一个？

很多人都选择了第二种。

当人力资源部主管问道："担一担水上山，没有想到这会让你的树苗很缺水吗？"遗憾的是，很多人都没想到这个问题。

一个小伙子却选了第一种做法，当人力资源部主管问他为什么时，他说："担两担水虽然很辛苦，但这是我能做到的，既然能做到的事为什么不去做呢？何况，让树苗多喝一些水，它们就会长得很好。为什么不这么做呢？"

最后，这个小伙子被留了下来。而其他的人，没有通过这次面试。

人力资源部主管是这么解释的，"一个人有能力或者通过一些努力就有能力承担起更多的责任，但他却不愿意这么做，而只选择承担一份责任，因为这样可以不必努力，而且很轻松。这样的人，我们认为他是一个责任感较差的人。"

在看完上面的事例后，有什么样的感想呢？主动付出，表面上看起来好像并不怎么聪明，却是真正的智慧。千万不要以为只需要将自己的本职工作做好就够了。这样做虽然会很轻松，没有压力，但是要知道你将为此失去更多的东西。

在工作中多付出一点，多承担一些吧！这样做看起来好像是自找苦吃，却能让我们得到更多的收获。

一位年轻的女孩曾受聘于一家外资企业，做一名普通的办公室文员。她每天要拆阅、分类大量的公司信件，工作内容有些单调，而且工资也不高。但是这位女孩却并没有因为工作单调而不思进取，她不但把本职工作做得无可挑剔，而且每天晚饭后都要继续回到办公室里工作，不计报酬地干那些并非自己职责内的事，诸如替自己的上司整理文件等。

上司是公司的办公室主任，他每天需要处理许多事情，所以他需要掌握足够多的信息资料。为了把那些上司需要的文件整理好，她尽可能地想到上司需要的最新资料和信息，而且她还要站在上司的立场认真考虑每一件工作的处理方式。她一直坚持这样做事，并不在意上司有没有注意到她的努力。终于有一天，上司的秘书因故辞职，在挑选合适的继任者时，上司很自然地想到了这个女孩，因为她在没有得到这个职位之前就一直在做这份工作了。

当上了秘书，这个女孩依然像以前一样坚守在自己的岗位上，在得不到任何报酬、承诺的情况下仍然努力工作。后来在上司升任为总公司行政部长的时候，她又理所当然地得到了办公室主任的职位。

这位年轻女孩引起了更多人的注意，很多公司纷纷为她提供更好的职位诚邀她加盟。为了挽留她，公司多次为她加薪，她的薪水与最初做一名普通办公室文员时相比已经增加了十几倍。为此，老板并不感到自己付出的薪水太高，因为这个女孩总是让别人感到她无比重要，她总是能够站在老板的立场上思考问题，而且随着时间的推移，她变得越来越重要。

从上面的事例中我们进一步看出，主动吃苦多承担一些，其实就是在为自我的发展积累资本，让我们多了一些脱颖而出的机会。美国著名投资专家约翰·坦普尔顿通过大量的观察研究，得出了一条很重要的真理："多一盎司定律"。他指出，取得突出成就的人与取得中等成就的人几乎做了同样多的工作，他们所做出的努力差别很小——只是"多一盎司"。一盎司只相当于 1/16 磅。但是，就是这微不足道的一点点区别，却会让你的工作大不一样。

很多人都认为多付出是没有任何回报的，其实不然，自己比别人多做一点，优势就比别人多一点，竞争力就比别人强一点，生存几率就会比别人高一点。这是一个连锁反应，多做一点将直接决定你在职场上的生存与发展。可惜的是，在工作中，很多人都有这样的心理，那就是拿多少薪水干多少活，认为只要完成自己的工作就可以了，老板没让做的事，决不插手。其实这种想法是不正确的，它不仅不利于自我的成长，而且也不利于老板发现你、重视你。只有积极主动地完成那些额外之事，才能引起老板的注意，得到老板的重视，因为没有老板不喜欢能够为公司分担更多责任的员工。

【职场真理】

没有付出就没有收获，要想多些收获，就得多些付出。在现实工作中，身为员工不妨让自己多承担一份责任。

4

敢吃苦的人永远是职场的主角

永远别指望天上有掉下馅饼的好事，我们要得到更好的发展，就必须更加努力地工作。

如果把职场看作是一个舞台的话，那些敢于吃苦、勇于付出的人就是这个舞台上永远的主角。在职场上，虽说我们都想拿到升迁，都想获得更多的薪水和奖金，然而怎样才能做到呢？答案很简单，那就是我们要像那些优秀的员工一样具有敢于吃苦，勇于付出的精神，并积极行动起来。

积极行动，把工作提前做好，不仅体现出员工对待工作的态度，也充分展示出一个人的才华和能力，可以这么说，谁在职场上能够把工作提前做好，谁就等于把握住了升职加薪的秘密武器。为什么这么说呢？请看下面的事例。

1997年，福特公司60%的杂志广告是针对男性做的，10%是针对女性做的。福特公司的一名广告策划副经理罗斯·罗伯特通过对市场的深入调查发现，在汽车市场，女性购买者占65%，因此1997年中期便将60%的广告目标投向女性。当董事会意识到女性市场的重要性时，董事们惊喜地发现，罗伯特已经着手解决此事了。由于他把事情做在前面，为福特汽车占领女性市场赢得了巨大的先机，不久便被董事会提升为部门经理。

老板偏爱那些在工作中不怕吃苦，积极行动，把工作提前做好的员工。罗斯·罗伯特就是这样一种人，他不仅善于发现契机，更重要的是他能在别人行动之前就抓住契机。倘若他也是一个对老板亦步亦趋的人，不主动去做市场调查，不果断地把广告投向女性，他也许会在原先的岗位上庸庸碌碌地一直待下去。在职场上，那些优秀员工与普通员工间最大的差别也就在这里。

中国科技大学少年班的李一男毕业后直接进入华为，十几天后就晋升为主任工程师，一年后就成为公司最年轻的副总裁。

他为什么能在这么短的时间内取得这样的成就呢？究其根源就在于这个年轻的工程师对技术的发展趋势非常敏感，总能够给总裁任正非提供许多有前瞻性的建议。而且他还是技术上的能手，总能提前为所开发的技术项目解决难题。当别的员工还在为一个产品在市场中的成功而陶醉时，李一男已经给任正非提出新的建议并着手开发下一代产品了。当任正非考虑到某些问题时，他总是发现李一男早就开始着手解决了。

在工作中愿意积极行动，总能把工作提前做好，这样的员工无论在哪个公司都会受到老板的青睐。作为一名优秀的员工，不应该仅仅局限于自己的任务，而应该在不破坏公司各种秩序的情况下，主动完成额外的任务，出色地为公司创造额外的财富，更重要的是要先于主管和老板提出并实施有益于公司发展的项目和业务。如果你能做到这一点，你就可以获得老板的欣赏和信任。

在工作中，只要认定那是你要做的事，就应积极采取行动，而不必等老板做出交代。事实上，每位老板心中都对员工有强烈的期望，那就是：不要只做我告诉你的事情，运用你的判断力，为公司的利益去做需要做的事情。

在各种各样的工作中，当我们发现那些需要做的事情——哪怕并不是分内的事情，千万不要害怕苦累而拒绝这么做，因为在我们主动做这些事时，往往会在工作中变得卓尔不群，显示出你非凡的能力，从而有利于你在激烈的工作竞争中脱颖而出，获得机遇的垂青。

一位成功学家曾聘用一名年轻女孩当助手，替他拆阅、分类信件，薪水与相关的工作人员相同。有一天，这位成功学家口述了一句格言，要求她用打字机记录下来："请记住：你唯一的限制就是你自己脑海中所设立的那个限制。"

这个女孩将打好的格言交给老板，并且有所感悟地说："您的格言令我深受启发，对我的人生大有价值。"

这件事并未引起成功学家的注意，但是，却在女孩心中打下了深深的烙印。从那天起，女孩开始在晚饭后回到办公室继续工作，不计报酬地干一些并非自己分内的工作——譬如替老板给读者回信。

这个女孩认真研究成功学家的语言风格，以至于这些回信和自己老板写的一样好，有时甚至更好。她一直坚持这样做，并不在意老板是否注意到自己的努力。

终于有一天，成功学家的秘书因故辞职，在挑选合适人选时，老板自然而然地想到了这个女孩。

通过自己的积极行动，把工作提前做好，时间长了就会对自己形成一个鞭策机制，它能使你变得更加主动，更加积极。更为重要的是，你这样做，会在无形中给自己创造出很多得以在公司中继续上升发展的空间。

孙梅是一家公司的秘书。她的工作就是整理、撰写、打印材料。虽然工作单调而乏味，但孙梅却说："无论是什么工作，我都要尽职尽责做好它。"

孙梅每天做着这些工作，做久了就发现公司的文件中存在着很多问题，甚至公司在经营运作方面也存在着不足。

于是，孙梅除了每天必做的工作之外，还细心地收集一些资料，甚至连过期的资料也不放过。她把这些资料整理分类，然后进行分析，写出建议。最后，她把打印好的分析结果和有关资料一并交给了老板。老板读了她的这份建议后，惊讶万分：一位年轻的秘书，居然有这样缜密的心思，而且分析得井井有条、细致入微。老板认为，她是公司里不可多得的人才，并且为公司作了卓越的贡献。

孙梅的很多建议被公司采纳了。当然，她也很快得到了老板的重用，得到了晋升。

孙梅之所以受到老板的青睐，就是因为她能够在工作中敢于吃苦，不怕累，积极行动，主动做事，把工作提前做好。

想想看，作为一名员工，在做好本职工作的同时，如果能够主动去做分外的事，而且表现出色的话，肯定就能得到应有的回报，如新的职位或新的工作机会。事实上也是如此，在工作之余如果能做一些不属于自己本职内的事情，既可以提高自己的业务水平和能力，还可以帮助别人，甚至在关键时刻还可以“救场”，老板又怎能不喜欢这样的员工呢？

【职场真理】

身在职场，我们时时刻刻都要保持一种积极主动的工作态度，以更高的标准要求自己，只有这样我们才能敢于面对工作中的困难，把工作做得更为完美。

5

永远不要等待老板来交代工作

要登上成功之梯的最高阶，我们就必须拥有敢于吃苦，保持主动率先的精神。

在现今的社会，听命行事虽然相当重要，但个人的主动进取更受重视。许多公司都努力把自己的员工培养成主动工作的人。所谓主动，就是没有人要求你、强迫你，却能自觉而且出色地做好需要做的事情。

一个做事主动的人，知道自己工作的意义和责任，并随时准备把握机会，展示超乎他人要求的工作能力。

美国标准石油公司曾经有一位小职员叫阿基勃特。他在出差住旅馆的时候，总是在自己签名的下方，写上“每桶 4 美元的标准石油”字样，在书信及收据上也不例外，签了名，就一定写上那几个字。他因此被同事叫做“每桶 4 美元”，而他的真名倒没有人叫了。

公司董事长洛克菲勒知道这件事后说：“竟有职员如此努力宣扬公司的声誉，我要见见他。”于是他邀请阿基勃特共进晚餐。

后来，洛克菲勒卸任，阿基勃特成了第二任董事长。

在签名的时候署上“每桶 4 美元的标准石油”，老板洛克菲勒并没有交代这样的任务，但阿基勃特却主动地做了。也许在他看来，身为标准石油公司的职员，无论职务高低，都有为公司的产品做宣传的责任和义务。

和阿基勃特一样，对于主动的人来说，有些事是不必老板交代的。接下来，让我们来看看主动与被动工作的人之间的区别。例如老板对员工说：“给我编一本前往欧洲用的密码电报小册子。”主动的人知道老板的需求后，会转身就去寻找密码电报资料，并设身处地为老板着想，认为把小册子做得便于携带、容易查询是必要的，于是用电脑清晰地打出来，编成一本小小的书，甚至用胶装订好。而被动工作的人呢，他们听到老板的要求，会满脸狐疑地提出一个或数个问题：

“从哪儿能找到密码电报？”

“哪些图书馆会有这样的密码电报资料？”

“这是我的工作吗？”

“为什么不让别人去做呢？”

“急不急？”

然后，他会随便简单地编几张纸，完成任务即可。

如果你是老板，你必定会对那个满脸狐疑的家伙随后交来的几张皱巴巴的密码电报纸不放心，必得经过仔细的核对和确认后，才敢在飞往欧洲前把它放入自己的公文包。

老板交代的任何事，可以做好，也可以做坏；可以做成 60 分，也可以做成 80 分。但只有主动的人，才能把工作做得尽善尽美。主动的人实际完成的工作，往往比他原来承诺的要多，质量要高。无怪乎主动的人不缺乏加薪和升迁的机会。

在现今竞争激烈的职场环境中，我们要想获得更好的发展，所需要的就是这种不怕苦不怕累的积极主动的精神，千万不要什么事都要等到老板吩咐才行动。我们要知道：不怕吃苦，不怕累主动地工作，将会获得更多的奖赏。无论是"每桶 4 美元的标准石油"还是编译密码电报资料，这些事看似简单，但都要求人们必须具备一种脚踏实地的务实态度，一种主动的责任心，一种为老板细心考虑的忠诚。

与他们形成鲜明对比的是只做老板交代的事的人。他们不但不会主动去做老板没有交代的工作，甚至老板交代的工作也要一再督促才能勉强做好。这种被动的态度自然会导致一个人的积极性和工作效率下降。久而久之，即使是被交代甚至是一再交代的工作也未必能把它做好。这样的员工，别人不禁要发问：他怎么会这样？究竟还有没有一点点的工作力？他还能干什么？

他们或许可以躲过裁员，却很难得到晋升的机会。道理很简单，如果你只是尽本分，或者唯唯诺诺，对公司的发展前景漠不关心，你就无法获得额外的报酬，你只能得到属于你应得的那一部分——当然，这比你想象的要少。

其实，他们完全可以使自己的工作状况好转起来，就从现在开始，就从目前的工作开始，做需要做的事，而不仅仅做老板交代的事。因为，在工作中，老板不可能把每一步的工作都向你交代清楚。工作是否能完成得更好，更不是老板能告诉你的。你要想把工作做好，成为老板青睐的员工，从而获得更好的发展，就应当不怕苦不怕累，发挥一下自己的主动性吧，去积极行动，把工作做好。

【职场真理】

当我们在工作中养成主动的习惯后，我们就能积极主动地把工作做好，成为深受老板和上司器重的人。

6 做一个自动自发的人

即使面对的是毫无挑战和毫无生趣的工作，如果我们能做到自动自发，同样能创造出优异的业绩。

在现代职场之上，有将近90%的人是在被动工作。他们的习惯就是在领导安排工作任务时，总是要问一问该怎么办，长此以往就会形成依赖心理，只会被动服从，不会主动开拓。也正因为如此，这些人成功几率非常低。

很多人都在埋怨自己没有成功的机会，其实这些人并不是缺少机会，而是缺少主动抓住机会的能力，甚至仅仅是一种习惯。所以，要想做一个快速成功的人，首先就要做一个自动自发的人，通过自己自动自发的工作，吸引老板的眼球。

宋华在商店工作，他自认为自己是一个不错的员工，做了自己应该做的事——接待进店的顾客，并向其介绍所需的商品。有一天，送走一名顾客后，当他正在和一个同事闲聊时，老板走了进来，环顾四周，然后示意宋华跟着他。

老板一句话也没有说就开始动手整理货架上的商品，然后又走到食品区，开始清理柜台。

宋华惊讶地看着这一切，不是因为这是一项新任务，而是从前没有人告诉他要做这些事——其实现在也没人说过。

很多事情确实没有人给你交代，却是你职责内的事情，一旦你主动做好了，将会给自己的工作带来很多便利。正如上诉故事中的宋华，如果他能自动整理商品，搬运起来就会非常方便，效率就能大大提高。很多人都在寻找提高效率的方法，却不知道提高效率很多时候就是从做好一些额外工作开始。

“老板不在”是很多员工不工作的理由，特别是当遇到一些需要老板拍板定夺的事情，很多员工更是会以这个理由拒绝承担责任，他们完全没有考虑到，自己的这种拒绝可能会给公司带来很大的伤害。

冯刚是一家IT公司的销售部经理。一天，他到一家销售公司联系最新款打印设备的销售事宜，因为是一款定位为大众化的新品，并且厂家即将开展大规模的广告宣传，为争取更大的市场份额，对经销商的让利幅度也非常大。冯刚决定在媒体大量宣传报道之前同一些信誉与关系都比较好的经销商敲定首批的订量。不巧的是，同他一直保持密切业务关系的那家公司的老板不在。当他提起即将推出的新品时，一位负责接待他的员工冷冷地说：“老板不在！我们可做不了主！”

冯刚继续把厂家准备如何做该款新设备的宣传，需要经销商如何配合进行渠道开拓的设想向这位接待人员讲解，试图得到他的理解和回应。但是，令他失望的是，那个销售人员根本不听他的解释，只用非常简单的一句话搪塞：“老板不在！”

冯刚没有办法，只好悻悻地走了出来。他来到有业务联系的第二家公司。不巧的是，这家公司的老板也不在。虽然很失望，冯刚还是想试一试，看能否说服接待他的人。

接待他的是一位新入职的女青年。当得知冯刚是来自一家著名的IT公司的销售经理的时候，她立即表现出了一个公司员工应有的热情，马上倒了一杯水给冯刚，还主动介绍了自己的情况。

冯刚向她说明了来意，她以自己刚刚学到的营销知识，敏锐地感觉到这是一个不错的商机，无论如何不能因为老板不在就让它白白溜走。她主动要求第二天就给他们公司送货，其他具体事宜等老板回来以后再由老板定夺。

结果很清楚，第二家公司的员工在老板不在的时候，由于那位女员工的热情接待，为公司促成了一桩生意，这款产品在这座城市只有该公司一家经营，不到一个月就销售了近3000台，为老板净赚了6万多元。而第一家公司的员工却因为老板不在而丧失了很好的商机，等再要求补货的时候，冯刚在极不情愿的情况下为他们加了几件货,但此时已经失去了获得厂家促销期的优惠待遇,利润自然大打折扣。

冯刚后来把这件事告诉了第二家公司的老板,老板当然非常高兴,对这名新员工很是满意,不仅在公司全员大会上表扬了她,并且对她进行了奖励,鼓励她继续把公司的事情当成自己的事情做。

对于第一家公司那位员工的行为,冯刚没有告诉他们的老板,怕他因此而受到惩罚,虽然这并不关员工的事,老板既然没有授权,员工当然可以不管,但是公司的业务不能因为老板不在而搁置下来。

一个优秀的员工永远不会缺乏主动工作的精神,他永远都会保持自动自发的精神,他们懂得为自己负责,更懂得要为老板负责,为公司负责。

那么,员工要想自动自发地工作,需要做一些什么事情呢?

(1)改变拖延懒惰的习惯

成功的机会不会白白降临到某个人的身上,只有那些主动做事、主动工作的员工才会获得老板的提升,才会有机会获得成功。但遗憾的是,意识到这一点的人并不多,很多员工还是在拖延、懒惰中浪费自己成功的机会。

成功并没有什么诀窍可言,只是迅速一点,勤奋一点,做事情仔细一点。每一个老板也都在寻找能够主动做事的人,并以他们的表现来给予他们相应的回报。所以,作为一名优秀的员工就要具备这种高度的敬业精神,对于老板交代的任务,应立即采取行动,而不是去讨价还价地谈条件,也不能想方设法给自己寻找理由,拖延时间。

请记住:改变拖延懒惰的习惯将让你更快地走向成功。

(2)要有独立思考的能力

什么样的员工才是有独立思考能力的员工呢?

有独立思考能力的员工不会像机器一样,别人吩咐做什么他就做什么。他们往往会发挥创意,出色地完成任务。而那些没有独立思考能力的员工则墨守成规、害怕犯错误,凡事只求忠诚于公司的规则。在遇到需要自己自动去完成的任务时,他们会告诉自己,这件事老板没有让我做,我又何必插手呢?又没有额外的奖励!

正是这两种不同的工作心态，最终导致了两种不同的人生态度。

(3)要为老板考虑

为老板考虑也是自动自发工作的一种表现。这样的员工不仅会圆满地完成自己的任务，还会给老板提尽可能多的建议和信息，让老板获得成功。他们也因此会得到提升和赏识。其实从某种意义上来说，为老板考虑，其实就是为自己考虑。

总之，那些养成了自动自发的工作习惯的人，掌握了个人进取的精髓总能发掘出无穷的机会。相反，那些被动的人，只能永远等着别人给他安排任务，而且还要推脱搪塞，其实，他们推托的同时，也推掉了属于自己的机会。有成功潜质的人，总是能够比别人多付出一些，自动自发地为自己争取最大的进步与利益。

【职场真理】

在这个世界上，有两种人最容易遭到淘汰：第一种人不肯听命行事；另外一种人只肯听命行事。

7

百分百地完成工作任务

你的工作业绩直接决定了你的职场前途。

戴尔电脑老板迈克尔·戴尔说：“我有的时候半夜会醒，一想起某件事情就害怕，但如果不这样的话，你很快就会被别人干掉。”事实就是如此，有无数人虎视眈眈地盯着我们的位置，让我们不敢对自己的工作掉以轻心。我们唯有用不懈的努力，百分百地完成工作任务，带来好业绩，才能保证自己不被别人所取代。

无数事实证明了这样一个道理，当你百分百完成工作任务时，就能给自己带来好业绩。

A企业的业务员小张通过别人介绍认识了某地的准客户谢某，便亲自上门拜访。初次见面，一番寒暄之后，小张切入了主题。他将A企业的简介、产品、政策一一向客户做了详细介绍，但谢某听后只是淡淡地说："你们的企业和产品不错，不过另一个企业的产品价格比你们低，所以你的产品我无法销售。"面对谢某的婉言拒绝，小张尽管不死心，却没有其他办法，只得怏怏地告辞离开。

谢某是A企业锁定的理想客户，面对小张的无功而返，企业派出了另一位经验丰富的业务员小李，并且下了硬指标。小李接到任务后，并没有像小张一样急于拜访客户，因为他知道小张已经失败了一次，如果再草率前去，不但会给客户开发带来难度，恐怕还会引起谢某的反感，导致客户开发失败。他先从侧面对谢某的公司做了全面了解，然后就开始在市场上进行详细调研，形成了一份完备的方案。拿着这份方案，小李信心十足地去拜访谢某。

谢某起初看到小李并不十分热情，只是淡淡地应付了几句。小李见状，开门见山向谢某介绍了自己的市场推广方案。从谢某所在市场的基本情况，如人口数量、市场规模、消费水平、市场结构等，到竞争产品的情况，如价格、政策、主要销售区域、存在的问题以及销量分析等，再到阐述A企业和产品的定位，以及与同类产品相比的优劣势所在。最后，小李还为谢某操作A企业的产品提供了一些具体建议，包括：详细的价格设置、通路设置、消费群体和主要消费场所锁定、操作要点及步骤、企业投入与扶持、谢某需要投入的资源和投入产出比等。

谢某看着小李这份完整而详尽的市场推广方案，听着他头头是道的讲解，频频点头。最终高兴地表示马上与A企业签订合作协议，并邀请小李担任他的经营顾问。就这样，小李凭着一份详尽的方案，终于让客户点头了。事后，A企业与谢某的公司合作得很顺利，双方合作的市场份额在不断扩大，合作程度也在不断加深，小李通过自己的努力，百分百完成了工作任务，为公司也为自己带来了好业绩。

小李的职场故事告诉我们这样一个道理：只是就产品而推产品，就企业而推企业，这样没有新意的客户开发形式只能遭到客户的拒绝。所以说，在销售工作的前期做足准备，通过市场调研，向客户提供一套行之有效的、完整的市场推广方案，有利于你百分百完成工作任务，为自己带来好业绩。因为当客户看到这么有吸引力和可操作性的方案时，他不心动才怪呢！

职场就是一个江湖，我们置身其中，只有通过自己积极的行动，百分百完成工作任务，带来了好业绩，才能在自己的岗位上站稳脚跟，获得发展。不论你做的是一份什么样的工作，只要身处其位，就得想方设法百分百完成工作任务，为公司、为自己带来好业绩，只有让公司得到发展和获利了，你才能得到自己想要的一切。

B公司是国内一家著名的家电企业，张经理是由总部刚从武汉区域提升的一位销售经理，全权负责湖北省的销售。然而，他上任没几天，销售主管小刘就提出了辞职。

张经理知道，小刘这段时间的压力非常大，他想辞职不是一天两天了。因公司业绩考核体系规定："个人完成任务不能拿到绩效工资，只有在分公司任务完成的情况下才能拿到绩效工资。考核点中开单量占35%、回款占40%、零售量占25%"小刘和前任销售经理的个人关系不错，这3个月来为了完成整个分公司的销量任务而拼命回款、压货，自己虽然每个月的任务都是完成120%以上，但分公司连续三个月离总任务还是差了那么一截，小刘累死累活也没能拿到绩效工资，而且由于过度的透支市场容量，本区域的销量任务本月仅能完成50%，老上司偏在这个时候调离，看不到希望的他就想另谋高就了。

在武汉区域作销售主管期间，张经理就对公司的考核体系颇有看法，从考核制度的执行情况来看出现了三种普遍存在的现象：一是缺失过程考核，业务人员月初睡大觉月底拼命开单、压货；二是业务人员在每月25号前后如完成任务90%的就处于等待和观望状态，并多方打探各区域业绩完成情况和分公司整体业绩完成情况，如分公司整体基本能完成就做最后冲刺，如不能完成就将原本在当月能开的单和收的款转移到下月，以备后用；三是单一的业绩考核点不能对每月重点市场工作起到良好的推动作用，出现了业务人员为了完成零售量大卖低端产品，造成公司产品结构严重不合理，平均销售利润下滑。一直以来，分公司各个层面的业务人员，都在为了总部制定的考核制度而努力，但正是这个考核制度对分公司的目前发展起到了禁锢作用。

张经理寻思着如何将“三把火中的第一把点燃”，从而实现星星之火可以燎原的结果，也通过本次薪酬制度的变革能让自己站稳脚跟。虽然张经理下决心要改变这个不合理的考核制度，但是自己心里还是没有百分百的自信，于是打电话给老上司现任华中区销售总监王总。王总听了张经理的思路陈述后说：“既然你找到了问题的根源，我相信你也能找到解决问题的办法。只是我必须得提醒你要与上下进行充分的沟通，写出切实可行的方案。至于总部领导那边只要在不违背公司原则的情况下只要是对市场有利且对分公司管理有效，总部领导是肯定会支持的。这次考核制度的变革是对你管理能力提升的一次不错的挑战，放手去干吧！”听了王总的一席话，张经理像吃了一颗定心丸，制定了以“加强过程考核、业务重点工作考核、动态监控业绩完成情况”的针对性较强的综合业绩考核制度及任务限时完成制度。”从而开始了他的业务考核制度的变革之旅。

张经理针对因原业务考核制度缺失过程考核而出现的业务人员月初睡大觉月底拼命开单、压货的现象，决定在新的考核制度中设置业务过程的考核。面对众多的业务行为，到底该考核业务人员的那些过程呢？冥思苦想后的张经理并没有找到有效的解决之道，这使他想起了已经离职的销售主管小刘。小刘不就是因为公司只注重结果不关心过程的考核制度下流失的一名优秀业务人员吗？于是张经理约了小刘聊天。小刘说：“总部的考核机制对业务人员的日常工作没有做出硬性的规定，考核的仅仅是月底的回款。为了完成任务，前任销售经理每到月底挨个给业务员打电话，然而结果是该完不成还是完不成……”张经理和小刘反复讨论着看到的问题：业务不知今天该干什么，有些经销商竟然说业务只到月底打款的时候才去；卖场经销商促销员对公司产品不了解，对竞品、渠道、终端的最新情况有些人竟然一无所知；有些经销商反映本区域的价格体系混乱但是业务员却不管只知道压货等等。在与小刘聊天的过程中张经理更加坚定了自己进行过程考核的道路是正确的，也在脑海中慢慢浮现了过程考核的大概轮廓。

张经理又根据业务人员在每月25号前后如完成任务90%的就处于等待和观望状态，并多方打探各区域业绩完成情况和分公司整体业绩完成情况，如分公司整体基本能完成就做最后冲刺，如不能完成就将原本在当月能开的单和收的款转移到下月，以备后用的现象进行了改革，他将月销售任务进行了细分：上旬销售任务(1～10日)，回款考核占全月回款考核的20%，开单考核占全月开单考核的30%，零售完成任务占全月零售任务的50%；中旬销售任务(11～20日)，回款考核占全月回款考核的35%，开单考核占全月开单考核的30%，零售完成任务占全月零售任务的30%；下旬销售任务(21～30/31日)，回款考核占全月回款考核的45%，开单考核占全月开单考核的40%，零售完成任务占全月零售任务的20%。上、中、下完成任务占月底业绩考评的30%、30%、40%。

经过充分地征集大家的意见，这个过程考核占据整个考核比重的30%，取消了以前业绩考核占据100%的现象，也杜绝了业务人员月初睡大觉月底跑断腿的现象。这个考核过程得到了大家的认可，并立即得到了实施。

除了该制度外，张经理还给自己制订了每周对团队成员的关心计划，电话的内容主要包括问候、感谢辛勤劳动、了解工作进展情况。电话关心计划能恰当地体现团队的人文氛围，又能及时发现团队成员工作中存在的问题，以便给予及时的帮助。《综合业绩考核制度及任务限时完成制度》配合以人文的电话关心计划很快激发了营销团队成员的积极性，自从执行本制度以后，张经理所带领的分公司的销售业绩有了明显的提升。

经过几个月的努力，张经理平稳而高效地度过了考察期，最重要的是销售团队已经摆脱了只重结果不重过程的工作状态，为实现长久销售任务的完成打下了坚实的基础。也因为新的考核制度使张经理对团队每日的工作状态了如指掌，该分公司的业绩一度出现了节节攀升的局面。上任一年时间后，张经理所带领的分公司居然第一次超额完成了总公司派下来的全年销售任务，等于百分百完成了工作任务，而张经理也在该年底被评为了“全国销售标兵”。看着积极性高涨的业务团队和“全国销售标兵”的奖品，张经理心中一股强烈的成就感油然而生。

职场上就是这样，要么你百分百完成工作任务，带来好业绩，要么你选择卷铺盖走人，这当中你没有更好的路可选择。可见，对于一名员工来说，百分百完成工作任务，带来好业绩是多么重要的一件事情。

【职场真理】

你的工作表现决定了你的工作业绩，你的工作业绩决定你的职场生存。只有尽心尽责，把事情做到尽量完美，才能在竞争面前保住自己的位置。

第五章　顽强拼搏，具有战胜一切困难的勇气

工作中遇到困难、阻碍在所难免。只要拥有顽强拼搏的精神以及战胜一切困难的勇气，就能妥善地解决难题，顺利地完成工作任务。

1

积极主动面对工作中的难题

只有积极地思考并行动起来，才能战胜困难。

人人都渴望成功，但是在社会上能取得成功的人却是很少的一部分人，这是什么原因呢？难道上天真的是非常的眷顾他们，让他们比我们绝大多数人更幸运？答案是：成功者比平凡的人更善于立即行动。任何事情都需要立即行动，就连凶猛的老虎要想捕捉一只弱小的兔子，也必须全力以赴地去行动，不行动、不努力，就捕捉不到兔子。因此，当我们在工作中遇到困难时，不要怕苦怕累，而应积极主动面对。

立即行动，是我们遇到困难时战胜困难的第一步，也是让我们人生得到改变的一个机会。

美国苹果公司的创始人乔布斯就是一个把"行动高于一切"作为自己奋斗基准的人。当人们问及乔布斯为何一再成功时，他将告诉你的是只要你把行动和信心结合起来，这就是你走向成功的最大动力。正如乔布斯所说："我把我的一切思想付诸行动，这是这些年来让我继续走下去的唯一理由。"

乔布斯的第一次行动，源于他20岁时创立苹果电脑公司。他拼命工作，让苹果电脑在10年内从一间车库里的小工厂，扩展成一家员工超过4000人、市价20亿美金的公司，因为他推出了一个很棒的产品——麦金塔电脑。没有人要他冒险去创立苹果电脑，但他做到了，因此他在心中累积了一个相信自己的信心。这个信心在他30岁与苹果电脑分道扬镳时就派上了用场。

因为与董事会对公司未来的远景规划不同,董事会在乔布斯30岁时炒了他的鱿鱼。乔布斯说:“曾经是我整个生活重心的东西不见了,令我不知所措。”这时的乔布斯,面对工作上暂时遭遇到的困境,经历了一段很短暂的人生低谷期。但是经过一番思考之后,乔布斯没有选择再消沉下去,他决定在自己感兴趣的领域里,东山再起,并且他把自己的想法立即付诸了行动。他决定从头做起。

接下来5年,乔布斯开了一家叫做NEXT的公司,又开了一家叫做Pixar的公司。Pixar接着发展成为世界上最成功的动画制作公司。然后,苹果电脑买下了NEXT,乔布斯又回到了苹果,NEXT开发的技术也成了苹果电脑后来的技术核心。现在苹果电脑又开发出音乐产业的革命性产品Ipod。在困难面前不低头,而是立即采取行动,这种面对困难的积极做法和态度奠定了乔布斯事业上成功的基础。

乔布斯的人生故事告诉我们这样一个道理:从现在开始,当我们遇到困难时,请立即行动吧,要知道立即行动是我们战胜困难的第一步。只有行动,才是我们向困难宣战的最有力的武器。在困难面前,我们除了立即动手去做事外,其他的一切空谈都无济于事。

在我们一生中会遇到大大小小很多困难,只有立即行动,我们才可能成为一个有所作为的人。下面让我们看看一个叫乔格尔的小伙,在家乡面临发展的困难时,他是怎么做的:

乔格尔家拥有着大量的土地。在乔格尔16岁的时候,他的父亲去世了,管理家产、经营家产的重担就落在了乔格尔的肩膀上。在18岁的时候,他改变了父亲惯有的保守态度,开始按照自己的想法对家园进行大规模有力的改造。

那时的农业还处于极为落后的状况。广阔的田地还没有圈起来,农夫也不知道如何灌溉和开垦土地。农夫们虽然工作很辛苦,但是生活依旧十分贫困,他们连一头马都养不起。

在乔格尔的家乡,当时连一条像样的路也没有,更不用说有什么桥了。那些买卖牲口的商人要到南边去,只得和他们的牲口一起游过河。一条高耸入云的布满岩石的羊肠小道挂在海拔数百英尺高的山上，这就是通往这个村庄的主要通道。

农夫要进出村子都非常困难，更不用说和外界进行贸易了。这就是乔格尔的家乡所面临的困难处境：人们生活清贫，因为交通闭塞、落后，与外界交流沟通困难重重。

乔格尔意识到要想生活有所改变，就得先改变生活了多年的环境。面对发展上的重重困难，他决定用立即的行动来战胜目前的困境。乔格尔是属于有了想法就马上付诸行动的人，他决定从为村子修建出一条方便快捷的道路开始。当老人们知道了这个年轻人的想法后，都嘲笑他异想天开，不知道天高地厚。几乎没有人支持他，不相信他能修出一条路来。

乔格尔没有因为别人的嘲笑而放弃。他很快就召集了大约2000名劳工，在一个夏日的清晨，他和劳工们一起出发，以自己的实际行动鼓舞着大家。经过了长达2年的艰苦劳动，以前一条仅仅只有6英里长的充满危险的小道变成了连马车都能顺利通行的大路。

村子里的人看着眼前的大路，不得不为自己的无知而羞愧，也为年轻人的毅力和能力而折服。乔格尔没有就此停止自己的行动，他后来修建了更多的道路，还建起了厂房，修起了桥梁，把荒地圈起来加以改良、耕种。他还引进了改良耕种的技术，实行轮作制，鼓励开办实业。大家都很奇怪这个年轻人永远有着别人想不到的主意。

过了几年，在乔格尔的带领下，这个曾经一度很贫穷的小村庄富裕了起来。原本连吃饭都成问题的农夫，成为拥有一定产业的“有钱人”。乔格尔也成为大家敬佩的带头人，他不甘于享乐安逸的生活，致力于开创性的事业。后来，他成为英国议会会员，在这个重要的岗位上发挥着自己的作用。

乔格尔的故事告诉我们，在面对困难时，只有立即的行动才是战胜困难的第一步，才是战胜困难的法宝。面对困难，如果我们不立即行动，不仅是对自己潜能的最大浪费，我们也会因为自己不够主动争取，行动不够果断、迅速而被困难打败。困难既是挑战也是机遇，只有那些敢于立即行动的人，才能战胜困难，化挑战为机遇，从而迎来人生转运的机会。

【职场真理】

工作中的困难并不可怕，只要我们拿出顽强的毅力和信心，就可以轻松地解决这些问题。

2

关键时刻要敢于毛遂自荐

逃避有困难的工作，不如积极主动接受困难的挑战。

职场就如同人生一般，总会有意想不到的困难突然降临，偶尔就会有突发事件让自己应接不暇。在职场中，若遇到这种情况，优秀的员工勇于往前站，勇于毛遂自荐，因为这些看起来不起眼的事情，正是体现你的能力、表现自己的大好机会。如果你真的能够抓住这样的关键时刻，你必将能够获得成功。但是优秀的员工需要注意的是，毛遂自荐并不是简单的、不分场合、不分地点的行为，而是一种需要技巧的自荐方式。在具体实施的过程中一定要注意以下几个方面：

(1)适度表现自己

如同大家所知道的一样，毛遂自荐从某个方面来说就是表现自己，但是需要注意的是，表现自己要适度，不要过度，否则结果将得不偿失，就如同下面故事中的人物一样。

小梁刚调到一个新公司的时候，为了给老板留下深刻的印象，总是喜欢处处表现自己。本来是老板已经知道的事情，他偏要去积极地汇报。除此之外，他还天天在同事面前自吹自擂，说自己如何有学问、多么有能力，甚至还吹嘘说自己以前在某某公司时，自己表现得多么出色……

刚开始，同事出于好奇和尊重，还会认真地听他说。但是长此以往，同事对于他这样的表现就都感到十分反感，觉得他太爱表现自己了。

就是这样，在某一天老板问大家："有一项工作，谁能够胜任?"

小梁听完就觉得这是一个好机会，就抢先向老板说："我能干好。"此举动弄得同事心里面都不太痛快。

实际上，小梁根本就没有把握完成工作，可是为了表现自己，就打肿脸充胖子地揽了下来。但接下来，他可就犯了难，自己对这件工作真的是没有把握，做好做坏，自己心里一点儿底也没有。看得出来，他有向同事求救的想法，可是同事们鉴于他过去的表现，就都装傻充愣，没有一个人愿意伸出援手。

这项工作他果然没有能够按时完成，让老板非常生气，同时也给他敲响了职场的警钟，让他不由得反省自己平日的表现。

员工要知道，虽然现在提倡表现自我，但那是有限度的表现。如果过度的话，你的职场之路走起来就不仅仅是困难的地步，而将会变成举步维艰。

所以，优秀的员工在平时的工作中也好，在毛遂自荐的时候也好，都要谨记适度表现，绝不要吹嘘自己，更不要"打肿脸充胖子"。

(2)用业绩来打保票

如果说公司正在做一份大项目，或者老板正在做一个新策划，你明白这是一个大好的机会，于是鼓起勇气，毛遂自荐打算加入，这里只能称赞你的勇气，而这样的行为对于真正想要做好这份工作来说，还欠了些"火候"。

那么到底欠缺的是什么呢？那就是你平日的业绩、能力和成果。如果没有这些做基奠，你认为老板真的就会给你"挑大梁"的机会吗？在这样的情况下，即使你去毛遂自荐，其结果也只有失败而已。

所以，优秀的员工在关键时刻毛遂自荐时，要用成果和业绩来说话，这样能够使你更加接近成功。

一天，老板意外地来到周巍所在办公室，恰巧他的直接领导不在，周巍说等他回来后便会告知他。

老板听完后说："你告诉他，找个人好好写篇材料，报到上级参加全市公司评比。"

周巍听完后暗喜，因为这正是自己的强项，于是他赶紧跟老板说，可不可以让他来，哪怕做个备用稿也行。

抱着"反正无关紧要，多一个人多一个思路"的想法，老板很痛快地答应了。

第二天，周巍就递交了稿件，老板看完周巍的稿子很是喜出望外，为自己发现了一个人才喜不自禁，此后，老板多次钦点周巍写各种文章，如今，周巍已经成为总经理助理了。

就如故事所描述的那样，只有做出良好的业绩，才能获得老板的信任，只有获得了老板的信任，才能在毛遂自荐的时候获得成功，因为在现在的职场中，业绩就代表着你的能力，业绩就是硬道理。

职场中的重要时刻，也同样是优秀员工的重要时刻，因此能不能抓住这个机会，可能会直接影响你的职场之路，甚至还会影响你的人生和命运。

但是怎样才能在众多的竞争者中赢得机会呢？许多人选择了毛遂自荐的方式。

这的确是一个有效的方式，但是却需要注意不要过度表现，不要在没有成果和业绩的时候就贸然行事。否则，且不说能不能成功，还可能会因这次不成功的毛遂自荐而给老板留下浮躁、急功近利的坏印象。

【职场真理】

挑战有困难的工作，不仅仅能获得更好的能力修炼机会，同样还为自我的职场发展创造了更好的机会。

3

想办法解决问题而不是找借口逃避

再完美的借口也不能让问题自动消失。

有这样一则寓言故事，希望会对你有所启示。

有三只老鼠在经过商量后，打算合伙去偷油。于是它们在经过周密而又细致的侦察后，终于发现了一个装满油的油瓶。

来到油瓶前，三只老鼠却因为怎样分油而进行了一番争吵，最后他们终于达成一致意见：轮流上去喝油。

于是，三只老鼠便采取叠罗汉的办法，一个踩着一个的肩膀，迅速向上爬……可当第三只老鼠爬到第二只老鼠肩膀上，刚碰到瓶口时，不知什么原因，油瓶倒了。响声惊动了事主，在一声断喝之后，三只小老鼠吓得仓皇而逃。

回到窝里，它们立即召开反省会议，打算分析和查找这次行动失败的原因，并研究这次行动的失败是哪只老鼠的责任。

最上面的那只老鼠说："第一，我没有喝到油，刚碰到瓶口；第二，就算是我碰倒了瓶子，但是，也是有原因的，因为我下面的老鼠动了一下。所以，我没有责任。"

第二只老鼠听到这话马上解释说："我是动了一下，可也不能怪我呀，那是因为我下面的老鼠它抽搐了一下，我实在没办法呀。所以，我也没有责任。"

第三只老鼠马上喊冤说："你说得没错，我的确抽搐了一下，但这不是我的错啊，因为我听到门外有猫在叫，你说我能不抽搐吗？所以，也不是我的责任。"

最后经过一番激烈的讨论，老鼠们终于得到了一致意见，那就是："责任不是出在老鼠的身上，要怪就怪那只可恶的猫。"

这则寓言故事看起来可笑,可是这又和那些在工作中把责任推给别人的人,有什么区别呢?也许差别只是在于人们用的借口更加完美一些罢了。

作为优秀的员工,绝对不能像老鼠一样,不停地把责任推来推去,而是要把责任承担下来,让问题止于自己。

那么到底怎样做才能让问题止步于自己,而不让问题去“敲开老板的门”呢?其答案就是要发挥不怕苦不怕累的精神,以高度的责任心面对工作。在这方面,许多大型公司的员工都做得非常好,这里就拿索尼公司的一名员工来作个例子:

在20世纪70年代中期,日本生产的索尼彩电在本国内已经很有名气了,但是却不被美国的顾客所接受,因此索尼在美国市场的销售相当惨淡。为了改变这种局面,索尼派出了一位又一位负责人前往美国芝加哥,但一个又一个地空手而回,并找出一大堆借口为自己的美国之行进行辩解。

但索尼公司依旧没有放弃美国市场。后来,他们派了刚担任索尼国外部部长的卯木肇去芝加哥开拓美国市场。

当卯木肇风尘仆仆地来到芝加哥市时,令他吃惊不已的是,索尼彩电竟然在当地寄卖商店里蒙尘垢面,无人问津。对此,卯木肇百思不得其解,为什么在日本国内畅销的优质产品,一进入美国竟会落得如此下场?

经过一番调查,卯木肇知道了其中的原因。原来,以前来的负责人不仅没有努力,还损坏了公司的形象,他们曾多次在当地的媒体上发布削价销售索尼彩电的广告,使得索尼在当地消费者心中进一步形成了“低贱”“次品”的糟糕印象。

在知道了症结所在之后,卯木肇完全可以回国向公司汇报,并且带着完美的新借口:“前任们把市场破坏了,所以销售惨淡不是我的责任!”但他没有那么做,他首先想到的是如何挽回局面。

要如何才能改变这种既成的印象,改变销售的现状呢?

经过几天苦苦的思索,卯木肇决定找一家实力雄厚的电器公司作为突破口,彻底打开索尼彩电的销售局面。

马歇尔公司是芝加哥市最大的一家电器零售商，卯木肇最先想到了它。为了尽快见到马歇尔公司的总经理，卯木肇接二连三地“登门拜访”，终于感动了经理，答应和他会面。但是会面的结果是只下下签：经理因为索尼的形象太差而拒绝卖索尼的产品。

于是卯木肇根据经理的意见，立即开始着手改变商品形象，他从寄卖店取回货品，取消削价销售，在当地报纸上重新刊登大幅广告，重塑索尼形象。

做完了这一切后，卯木肇再次叩响了马歇尔公司经理的门。这次他听到的是索尼的售后服务太差，无法销售。于是卯木肇又立即成立索尼特约维修部，全面负责产品的售后服务工作；重新刊登广告，并附上特约维修部的电话和地址，24 小时为顾客服务。

但是在这种改变之后，马歇尔还是拒绝销售。卯木肇依然不放弃，他规定他的每个员工每天拨五次电话，向马歇尔公司询问购买索尼彩电的事情。马歇尔公司被接二连三的求购电话搞得晕头转向，以致员工误将索尼彩电列入“待交货名单”。这令经理大为恼火，这一次他主动召见了卯木肇，一见面就大骂卯木肇扰乱了公司的正常工作秩序。

当经理发完火之后，卯木肇才晓之以理、动之以情地对经理说：“我几次来见您，一方面是为本公司的利益，但同时也是为了贵公司的利益。在日本国内最畅销的索尼彩电，一定会成为马歇尔公司的摇钱树。”

在卯木肇的极力劝说下，经理终于同意试销两台，不过，条件是：如果一周之内卖不出去，立马搬走。

为了开个好头，卯木肇亲自挑选了两名得力干将，把推销的重任交给了他们，并要求他们在一周之内一定要将这两台彩电卖出去，否则就不要再返回公司了……

两人果然不负众望，当天下午四点钟，两人就送来了好消息。马歇尔公司又追加了两台。至此，索尼彩电终于挤进了芝加哥的商店。随后，进入家电的销售旺季，短短一个月内，索尼彩电竟卖出 700 多台。索尼和马歇尔从中获得了双赢。

随后，芝加哥市的100多家商店纷纷开始销售起了索尼彩电，不出三年，索尼彩电在芝加哥的市场占有率达到了30%。

故事中卯木肇凭借着自己的能力和高度的责任心解决了索尼的重大问题，从而使索尼获得了巨大的成功。

卯木肇在面对困难的时候，寻找的不是借口，而是解决的方法，这是我们每个人所要学会，并且谨记于心的做事方法，因为这是获得成功的不二法宝。

美国总统杜鲁门在自己的办公桌上摆了个牌子，上面写着“The Buck Stops Here”，中文的意思是“问题到此为止”，这是他在时刻提醒和勉励自己，作为总统，再没有可以推卸责任的人，因此必须把责任承担，让“问题到此为止”。

作为优秀的员工来说，即使有上级、老板可以依赖，也不能把问题留给他们去做，因为这是你的工作，你的责任，所以必须让问题到此为止，到自己为止，然后让自己成为问题的终结者，成为公司解决问题的重要人物，这样的话，你认为你的能力还不会被认可吗？你离升职加薪还会远吗？

所以，优秀的员工谨记：要拥有高度负责的责任心，让问题止于自己。

【职场真理】

把问题留给老板与上司，就是等于放弃了成长与进步的良机。

4 一定要相信自己能够做好

信心是我们战胜一切困难的精神动力之源。

在职场的路上，不可能一帆风顺，肯定会有困难，但是对于优秀的员工来说，这些都只是获得成功必经的一个过程而已，就像是中国的一句老话说的："天底下没有跨不过去的槛儿。"但是仅仅只是跨过去，还不是最完美的，追求优秀的员工，不仅要跨过去，而且还要充分利用好这个"槛"，就像下面这个例子：

美国的爱荷华州常常发生飓风，在该州的中央大学担任过校长的拉尔帕司先生，看到一整所大学遭到大风沙侵袭，整个校园几乎被完全毁坏的时候，他想到的不仅仅是修复校园，而是打算利用这个机会对校园的环境进行整体改善。

1930年发生了一次大旱灾，含腐蚀性的干燥的风沙吹遍了整个平原。农场里的玉米和麦子都死光了，大学校园也受到很大的损害。这所大学的财政本来是依赖附近的农民，原本农民的收入就已经不堪重负，现在再加上这次灾害，农民自身生活困难就可想而知，更甭提还要帮助修复校园了。

但是，拉尔帕司校长一直相信一句话，那就是"所有的危机中，都藏匿着解决问题的关键。"也就是说他感觉到这次的灾难，是一个告诉东部成功的实业家或富豪们有关自己学校的困境的最佳机会。因此，拉尔帕司博士在筹款修复校园的时候，就做了如下的报告："我们过去经常受到农民们的支持，除了他们之外，我们也一直没有向任何人要求帮忙。当农民们把自己的子女送到平静的爱荷华州的城市来接受教育时，他们也感到很高兴。他们虽然本身没有任何责任，可是他们却一直帮助着我们。你们能不能伸出手来帮助我们呢？"

这个要求很快获得反馈，东部的有钱人纷纷慷慨提供援助，并且在此之后他们的援助和关心连续了好几十年。

面对危机和问题，一部分人只会看到黑暗的部分从而陷入了恐惧之中，更有甚者可能再也不能恢复往日的风采，而另一部分人看到的则是希望，在冷静观察分析后，利用这个危机，为自己制造出了获得成功的机会。显然故事中的拉尔帕司校长就是后者，而你又是哪一种呢？作为优秀的员工，只有成为了利用危机的后者，才能在公司中站稳脚跟，成为不可代替的重要人物。

那么怎样才能将危机化为机会呢？我们就要相信自己能做好它。自信是一种积极的工作态度。当一事无成时，怀疑自己的能力，很容易会被自卑打倒；当取得了一些成就后，信心就应随之大增，变得乐观、豁达，从而使工作也变得有滋有味。可惜的是，有些人在接到有一定难度的工作任务时，总免不了怀疑自己是不是能做好。这种对自我的怀疑就是一种不自信的表现。

在这儿要说的是，无论面对任何一项工作，我们都要相信自己，抛弃不可能做好的心理。一旦我们有了强烈的自信心，就像是寻找到了一把打开自我潜能的钥匙，无论面对的工作有多么难，都能积极主动想办法，最终做好它。下面所要叙述的张军的事例，或许会让我们进一步知晓信心所产生的伟力。

张军是一个可怜的小孩，他出生后不久，医生就告诉他的父亲，他将会是一个终身聋哑的人。

张军的父亲感到非常悲痛，但他不肯接受这是一个无法改变的事实。在最绝望的时候，他依然牢记大哲学家埃默森说的话："生命是教导我们产生信心的。无论任何情况之下，只要我们肯去聆听心灵的'声音'，它会指引我们，带我们行走正确的路。"

张军的父亲不想让儿子真的成为终生聋哑的人。他这个强烈的愿望"一秒钟也没有退却过"。他用祈祷的方式，时常对着自己抱着的儿子，用"心传心"的方式，将自己的信心，传递进儿子的幼小心灵。

这种不肯向逆境妥协的信心，慢慢地产生了奇迹。这位父亲说道："当张军逐渐长大，慢慢地开始对周围的事情产生兴趣。我们发觉到他竟然有轻微的听觉……虽然他没有说话的迹象，这个发现已经给予我们莫大的希望。"

不久，更大的奇迹开始出现了，张军的父亲接着说："我们买了一部留声机。当张军第一次听到音乐时，他几乎完全陶醉在音乐的旋律里，很快他就把这部机器独占了。之后，我们就发觉一个奇怪的现象：小张军把一张唱片放了又放，连续大约有两个小时之久，而他就站在留声机前面，用牙齿咬着留声机箱子的边缘。”

张军拥有留声机之后，他的父亲发觉如果他以双唇碰触在孩子的乳突骨上说话，小张军是可以听得懂语言的！从此，张军便开始有了正常的语言能力，虽然他的听觉仍然有着障碍。

张军的父亲开始使用心灵的方法，令儿子有说话的欲望，他在儿子睡前，叙说许多关于信心、想象力和如何改变自己命运的故事，让小张军觉得自己是一个正常而奋发的孩子。这位父亲说道：“当张军大约七岁的时候，他第一次表现出我们对他的‘输入程序’是奏效了。一连几个月，他要求到外面去卖报纸，但是他母亲对于他的要求始终不肯同意。”

“到最后，他就自己一个人去做这件事。某天下午，他偷偷地爬上厨房的窗户，手攀脚缠地爬到外面，开始了他的事业。他从隔壁的鞋匠那里借了60元作为资本，然后把这些钱投资在报纸上，卖光后，把本利一起再投资，这样反复地卖到晚上，把款项清点，偿还了借来的60元后，净赚42元。我和太太晚上回家，发觉张军已熟睡在床上，手里还紧握着这些钱。

他的母亲弄开他的手掌，把钱币拿开，伤心地哭了起来。她实在不该为儿子的第一次胜利而哭泣。我的反应刚好相反，我心满意足地笑了，因为我知道自己努力种植在孩子心灵里那颗自信心的种子已经萌芽了。

他母亲看到的是儿子的第一次商业冒险——一个耳聋的小孩到外面的大街小巷去冒生命危险赚钱；我看到的是一个勇敢、有抱负、满怀自信的小商人——他自发性地投资并且取得胜利。”

这一位伟大的父亲、伟大的导师对张军事件的结论是：“信心加上愿望，任何理想都可成为事实！”

实事上，在很多的时候，一些看起来不可能做到的事，并不是真的不能做到，而是因为我们先丧失了信心，认为不能做到而已。一旦我们相信自己能做到，或许我们所担忧的那些事，或看起来自己无法解决的难题，可能并不算什么。

相信自己吧！相信自己一定会将工作做好，当你的心中有着这样的信心之后，你将会发现，原来那些你认为不能解决的难题，其实并不是真正的难题！

【职场真理】

相信自己，我们才有勇气战胜工作中的困难。在很多的时候，我们在工作中所遇到的困难并不是没有能力克服，而是我们不相信自己有能力克服。

5 坚持到底，永不放弃

在很多的时候，我们并不是没有能力把工作做得更好，只是少了一份坚持。

工作就像是一项马拉松比赛，完成一项任务或者一个项目就像跑完一次全程，是一个长久而必须有耐心的过程。要想出色地到达终点，就必须具有不怕苦不怕累、永不放弃的精神。如果因为中途遇到这样或那样的困难而放弃的话，那么先前做的所有工作都将前功尽弃，紧接而来的失败将伴随你左右。

成功与失败的最大区别不在于一个人有多强的工作能力，而在于他在做事的过程中是否付出了坚持不懈的努力。很多人在面对自己工作的时候，出于各种各样的原因，如工作难度大、接受的任务琐碎、与同事合作不愉快等等，经常会出现中途“撂挑子”的情况。轻言放弃、不知努力的人最终的结果必将一事无成。在失败者当中，相当多的人所拥有的聪明才智本来足以取得显赫的成就，但是他们在打拼的过程中面对各种各种的困难时妥协了，他们的满腔抱负和聪明才智也随着妥协褪去了它们的光芒。他们不敢面对困难，把失败转化成进步的动力；他们也没有能够把小的失败转化为大的成功契机。如果一个人集中所有的精力和心志坚持不懈地追求自己所从事的工作，那么，他必将会等到成功的那一天。只有懂得在工作中不放弃、努力奋斗的人，才有资格享受成功的喜悦。

刚进公司的刘柯自认为专业能力很强，对待工作很随意。有一天，他的老板直接交给他一项任务，为一家知名企业做一个广告策划方案。

这个刘柯见任务是老板亲自交代的，不敢怠慢，认认真真地搞了半个月。半个月后，他拿着这个方案走进了老板的办公室，恭恭敬敬地放在老板的桌子上。谁知，老板看都没看，只说了一句话："这是你能做的最好的方案吗？"刘柯一怔，没敢回答，老板轻轻地把方案推给刘柯说："重新去做！"，刘柯什么也没说拿起方案，走回自己的办公室。

刘柯冥思苦想了好几天，修改后交给老板，老板还是那句话："我觉得你的这个方案还是不能让我满意。"刘柯心中忐忑不安，不敢给予肯定的答复，于是老板还是让他拿回去修改。

这样反复了四五次，刘柯都坚持不懈地、毫无怨言地按照老板的要求去认真修改方案，最后一次的时候，刘柯信心百倍地说："这是我不懈努力认真做出的最好的方案，希望您能满意。"老板微笑着说："好，这个方案批准通过。"

有了这次经历，刘柯明白了一个道理：只有持续不断地改进，坚持不懈地努力工作才能做好。此后，在工作中每当遇到挫折与困难的时候，他都要问自己："难道我就这样轻易放弃了吗？"然后再不断进行改善，不久他就成为了公司不可缺少的一员，老板对他的工作非常满意，如今这个刘柯已经成了部门主管，他领导的团队业绩一直很好。

由此可见，要想将工作做彻底，要想用工作中的成绩去感恩自己的公司，就要做到不管在工作的过程中遇到什么样的困难与阻碍，都要有种锲而不舍的精神，将所有的工作做实、做透，坚定不移地向着最终的目的地靠近。

许多平庸、无所作为的员工，并不是他们没有能力、没有诚心、信心不足或者是对工作缺乏热情而碌碌无为，而是少了一份坚持。他们做事往往虎头蛇尾、有始无终，做起事来东拼西凑、草草了事，并总是怀疑自己目前所做的事情是否能成功，永远都在考虑到底要做哪一种事。有时他们认定某种职业有绝对成功的把握，但做到一半他们又觉得还是另一个职业比较妥当。他们时而对现状心满意足，时而又非常不满。

某家著名的化妆品公司总经理曾说过，公司里最让他关心的事就是能否招聘到可靠的工作人员，因为每次招聘在经过严格的考试后，难得有一两位候选人是合格的。

这家公司考试的方法很特殊，其目的在于测试应试者是不是一个有坚定意志力、不屈不挠的人。当对应试者进行面试时，就用种种消极的话语来测试应试者的意志，告诉他们化妆品在市场上存在的竞争与实际工作中的巨大压力，以此来试探他们。

很多应聘者在听了这些情况后，就会觉得前途一片暗淡，因而打消了要进公司的念头，面试未结束就中途离开了。只有极少数人仍然不为公司前景的种种困境所动，意志坚决，而且言谈举止中能够做到处处谨慎大方，并能显出忠诚可靠、富有勇气的个性，这样的人才是公司所需要的。

这位总经理还说："我们需要的人才，是意志坚定、工作起来全力以赴、有奋斗进取精神的人。现在我们的员工大都很有成就，他们如今的能力也在一般人之上。我发现，其中最能干的大体是那些天资一般、没有受过高深教育的人，因为他们拥有'全力以赴'的做事态度和'永远进取'的工作精神。"

坚定、勇敢、富有忍耐力，这是公司对所有员工的要求，如果不具备这些条件，无论他才识如何渊博，也无法得到公司的认同。

最成功的人是那些全力以赴、锲而不舍的人，因为永不屈服、百折不挠的精神是获得成功的基础。我们这个时代的成功者是那些在自己的领域无所不知，对自己的目标坚定不移，做事专心致志、精益求精的人。现在的大多数年轻员工颇有才学，也具备成就事业的基本条件。但他们在工作上存着一个致命的弱点，那就是：缺乏恒心、没有忍耐力，往往一遭遇微不足道的困难与阻力，就立刻往后退缩，裹足不前。这样的人怎么可能成功呢？能够拿什么去回报公司呢？

那么，作为一名优秀的员工，我们应该怎样去培养这坚韧不拔、锲而不舍的精神呢？其实要做到这一点，并没有想象中的那么艰难。

(1)让自己树立坚强的工作意志

这也是培养锲而不舍精神最重要、最关键的一点。

> 所谓意志力，就是人们自觉地确定目标，并且根据目标调节、支配自己的行为，从而达到战胜困难、实现既定目标的一种心理过程。它能够领导、维持、制止、改变人的行为。意志力有三方面的特性：①果断，是指毫不犹豫、下定决心做出决断的能力。在处理问题和进行决策的时候，善于抓住时机，立即做出正确的决定，采取行动；能够迅速采取措施应付紧急情况；当情况发生变化时，或发现自己的决策失败时，立即停止行动，改变既定的行动计划。②忍耐，是指一旦确定奋斗目标，就能持之以恒，坚持到底，努力使其实现的心理品质。③顽强，是指面对困难和挫折，能够迎难而上，困难越大，斗志就越旺盛，越有种不达目的誓不罢休的决心。

工作中人们往往非常急功近利，希望在短时间内加薪升迁，结果时常和期望背道而驰。因为这些人缺乏意志力，急着想达到自己的目标。要培养意志力，一是要建立明确的目标。目标越明确，欲望越强烈，意志力的培养就越简单。二是有意识地培养自己的意志力。比如摒弃否定的、令人沮丧和消极的心理影响因素，逐渐养成不达目的不罢休的习惯等。一个具备坚强意志力的人，即使未得到公司的重用，心情也不会沮丧，志气也不会沦丧。意志力的力量源源不断，如果能够加以正确地控制和引导，就能够变成一种执著，提高自己对挫折的忍耐力。

(2)为工作做一个系统的规划

对于很多缺少锲而不舍精神的人来说，一个系统的规划或许能帮助他们坚持做完工作。在这个系统的规划中包括工作的目标、行动的步骤、会遇到的问题，以及遇到问题时的解决方案等。作为员工的你，想一想自己工作的最终目标是什么，赶紧做个可行的规划吧！

(3)对即将遇到的困难与阻碍做好心理准备

人的一生当中无论是工作上，还是生活中，都或多或少会遇到些困难和挫折，这是生活中的一部分。既然困难和挫折是在所难免的，那就让我们用一颗坚强的心准备去面对它们吧！

【职场真理】

在面对工作中的难题时，只要我们再坚持一下，就能把事情做得更好。

6

拥有强烈的战胜困难的决心

工作之中永远没有解决不了的问题，我们所缺的只是没有战胜困难的决心和坚忍不拔的精神。

世界上没有一种东西可以代替坚忍的意志和锲而不舍的精神。持续不断地努力，锲而不舍的韧劲，是一把走进成功大门的金钥匙。它可以使人在困难和挫折面前勇往直前，它可以使贫穷的人用微笑和乐观的态度面对穷困，使失败的人一次次从失败中站起来坚强地再一次迈向成功。

有这样一个“99 度加 1 度”的成功公式。它说的是烧水烧到了 99

度，最后再加1度水就烧开了，这最后的1度最为关键。失败的人往往已经把成功之水烧到了99度，却放弃了最后的1度，然后转到别处再烧99度，等到只差1度了，又放弃；而成功的人，等他人把水烧到99度，自己再加上这最关键的1度，成果就可以共享。因此，无论做什么事，我们都要“咬紧”一处，紧盯一处，坚持不懈地进攻，才会有所突破、做出成就。

坚持不懈的精神是成功和失败的分水岭。当你具备这种精神的时候成功就会与你相随，反之失败就会与你相随。

春秋时，越王勾践被吴王夫差打败，退守在会稽山上。勾践为了保存实力，让自己的国家东山再起，他答应了夫差给他当奴仆的苛刻条件。

做奴仆的日子里，勾践夫妇住在山洞石屋里。勾践为了让夫差卸掉戒备之心，夫差每次外出，勾践都亲自为他牵马，他总是对吴王夫差一副卑躬屈膝的样子，并想尽各种方法讨得夫差的欢喜，别人的指骂和讥讽他都抛在脑后。

有一次，夫差病了，勾践得知此病不久就会好转，就去探望夫差，并亲口尝了他的粪便，向夫差道喜，说他的病很快就会好的。夫差问他怎么知道，勾践回答说：“我曾经跟名医学过医术，只要尝一尝病人的粪便，就能知道病情的轻重。刚才我尝了大王的粪便，味酸而稍微有点苦，用医生的话说，是得了‘时气之症’，不久便会好的，大王不必担心。”果然不出几天，夫差的病好了。夫差从此认定勾践比自己的儿子还孝顺，深受感动，就把勾践放回了越国。

勾践回国后，为了笼络群臣百姓，他坚持苦心劳力，艰苦朴素。他还自己耕种粮食，靠妻子亲手织布穿衣。每当有较好的食物，就会分发给臣民；有了美酒，就倒在江中，以示与百姓同饮。为了不忘耻辱和失败带来的痛苦，并锻炼自己的斗志，勾践有意不过舒适的生活，床铺上不用褥子，铺的是柴草，还经常预备一个苦胆，随时尝一尝苦味。

经过数年的卧薪尝胆，勾践认为时机已到，对越国宣战。最终，越军包围了吴王的王宫，攻下城门，活捉了夫差，杀死了吴国宰相。灭掉吴国两年后，越王勾践称霸诸侯。

越王勾践从失败到成功，靠的是坚持和忍耐。坚持本身并不是目的，成功才是目的。其实，工作过程中的困难和挫折并不是大问题，真正的问题是不管什么样的工作任务你是不是都能坚持下来。

任何放弃都是有借口的放弃，这是懈怠者一种非进取的精神。遗憾的是，随意放弃的人太多了。

曾经有一个精明的雇主登广告要招聘一名员工，他对30位应征者说："这里有一个标记，那儿有一个球，要用球在100米以外来击中这里，你们一个人有7次机会，谁能击中目标就雇谁。"结果，所有的应征者都没能击中目标。这个雇主说："明天再来吧，看看你们是否能做得更好。"

第二天，只来了其中的一位应征者，他说自己已经准备好了。结果，雇主说你不需要测试了，我们雇佣你。

"为什么？"应征者惊讶地问道。

雇主回答说："其实这个目标几乎是无法实现的，我们真正的目的是想知道你们谁有不畏惧困难、战胜困难的决心。"

伏尔泰说："对着困难摇头，就无权在胜利面前微笑。"无论发生什么事，你都要妥善解决问题并坚持达到目的，你才会有成功的机会，你要记住千万不能让消极的思想侵蚀你的心灵。

公司在发展过程中，总是不可避免地会遭遇到各种问题的困扰。如果面对问题，你总不能妥善解决，那么问题就会成为你工作的负担，还会影响到公司的发展，想必这是员工最不愿意看到的。

徐佳是某电器公司的一位普通职员。一天，公司的一位客户因为产品质量问题闹到了公司，非要找经理不可，不巧的是经理刚好出差了。这个客户并没有离开，反而越闹越凶，甚至破口大骂，所有的职员对此束手无策。徐佳觉得事情不能这样发展下去，于是，他把客户请到了公司的会客室，并很有礼貌地与客户进行交谈了解情况，然后妥善地加以解决。客户在徐佳的解释下平息了怒火，一场风波得以平息。经理得知此事后，对徐佳格外关注，不久徐佳被提升为客户服务部经理。

不要以为没人注意到你的坚持和付出，老板与上司的眼睛是雪亮的，只要你坚持做好自己的，公司会让你尝到胜利的果实。

【职场真理】

换一种角度看工作中的困难和麻烦，把困难和麻烦看作是帮助我们成长的机会，我们就能成功地克服它们。

7

别把问题看得太过复杂

工作中遇到问题是常见的事，对任何人来说，最为紧要的是如何解决好这些问题。

无论我们做的是什么样的工作，总会遇到一些比较复杂的问题。面对这些问题。我们千万不要把问题看得太过复杂，害怕困难。如果这样，我们不仅不能很好地解决问题，而且还会将问题复杂化。

数学家华罗庚说过："神奇化易是坦途，易化神奇不足提。"通用电气总裁杰克·韦尔奇也曾经指出："管理就是把复杂的问题简单化，把混乱的事情规范化。"

他们无非就是要告诫我们：不要把简单的问题复杂化，而要把复杂的问题简单化。但是在职场之上，还是有人经常会把问题复杂化。

前段时间，小王所在的公司配了新电脑，装的是 Vista 系统，而有的同事装的是以前的 XP 系统。为了能让两台不同系统的电脑共享打印机，小王遇到了一个问题：按照常规方法已经共享好了，但就是没法打印。

问题究竟出在哪里？小王一时半会儿还真没有找出来。

于是小王叫了一些人去他办公室帮他看看，大家都不明白问题到底出现在哪里，也只好就此作罢。

本来事情可以就此告一段落，不过小王那执拗的倔脾气又上来了："我就不相信弄不出来，今天我非要把它整好"。靠着这股劲，小王开始在网上搜相关的内容。不过小王一看到那些密密麻麻的看似极其复杂的办法就"头晕"了。于是小王又打电话向其他公司的两位电脑高手求助，给他们说了整个问题的情况，叫他们帮忙查查解决一下。

这一天中午，小王没睡午觉，就靠他们远程协助分析问题原因，找办法。可是，事情发展得并不是那么顺利，下午的上班时间到了，第一位高手放弃了。

于是，小王转向了第二位高手，他也分析了半天，最终，下班时间快到了，他也放弃了，说是再查查。

小王急了，浪费了一中午的午休时间和一下午的上班时间，难道真整不出来吗？小王不相信！几经周折，他才发现了问题的所在：原来要共享的打印机出错了！

就是这样一个简单的问题，折腾了一天的时间。

其实在职场上，很多人都会犯小王这样的毛病，将一些原本简单的问题复杂化，最后复杂得把自己都整晕了。其实事物的本源是很简单的，但人们往往把它们复杂化。在遇到棘手的问题时，我们就要发挥不怕苦不怕累的精神，改变一下思路，将问题简单化，就能很好地把问题解决，成为一名解决问题的高手，从而成为深受老板器重的优秀员工。

那么我们遇到问题该如何做，才不会将问题复杂化呢？

(1)放弃感性，利用直观思维

在遇到一些问题的时候，我们总是希望通过自己的思维、思考使问题获得圆满的解答，于是我们进行了包括感性、理性在内的复杂思考。而实际上，解答这些问题只需要一种直观思维即可。

英国一家报纸曾举办一项高额奖金的有奖征答活动，题目是：一个充气不足的热气球载着三位关系世界兴亡的科学家。第一位是环保专家，他的研究可拯救无数人因环境污染而面临死亡的厄运；第二位是核武器专家，他有能力防止全球性的核战争，使地球免于被毁灭的绝境；第三位是粮食专家，他能在不毛之地，运用专业知识成功地种植食物，使几千万人脱离因饥荒而死亡的命运。

此刻热气球即将坠毁，必须丢下一个人以减轻载重，使其余的两人得以存活，请问该丢下哪一位科学家？

问题刊出之后，信件如雪片飞来。在这些信中，每个人都竭尽所能地阐述他们认为必须丢下哪位科学家的原因。

最后结果揭晓，巨额奖金的得主是一个小男孩。他的答案是：将最胖的那位科学家丢下去。

看了这个故事，你有什么感想呢？我们要判断的问题是如何丢出一人以减轻载重，使得其余两人得以存活，而不是判断环保专家、核武器专家、粮食专家哪一个才是人类不可或缺的科学家。

(2)要把握问题的实质

很多看似非常复杂的问题，其实本质是很简单的，只不过有些时候我们并没有把握到这些实质而已。

在微软出版社出版的经典图书《Coding Complete》中有这样一个故事：微软公司附近有一个咖啡馆，顾客可以不断续杯海饮，咖啡馆提供用两种不同咖啡豆煮的咖啡，价格相同，杯子的分量也相同。

但人们发现一个令人惊奇的事实：这家咖啡馆的女服务员都有着不可思议的好记性——每当客人要续杯的时候，她们从来不需要问客人曾经选择的咖啡种类，却绝对不会把客人选择的咖啡种类搞错！而且每个人都是如此！

为了搞清楚这个秘密，很多人进行了猜测：是不是这些服务员记忆力真的是超强，如果这些人记忆力真的如此之好，他们是怎么训练出来的呢？一连串的问题出来了。

可是最终秘密被揭晓了：原来不是这些女服务员记忆超群，也不是她们受过特殊培训，更不是咖啡杯上有感应的装置，而是在于装咖啡的马克杯上图案颜色的不同！女服务员上班第一天就被告知，咖啡杯的图案是红色的，是A咖啡；图案是蓝色的为

B咖啡。

这就是很多人干的傻事，一个原本简单的问题，却牵扯出了一连串不简单的问题，最后正是因为这些不简单的问题，把自己给绕了进去，不能自拔。

(3)清楚导致问题复杂的因素，并避免这些因素

要想使问题变得简单，首先就应该找到让问题变简单的契机，这就需要我们学会避免一些使问题复杂的因素的介入。比如说分清楚是变化速度还是强度？是技术还是你的竞争对手？只要在工作中理清这些问题，即使身处混乱无序之中，你也能找出最简单的规则和解决的方案。

美国的管理学家唐纳德在他的名著《提高生产效率》中提出了解决问题的三大原则：第一，这个问题是不是问题，能不能取消它？第二，这个问题能不能与别的问题合并？第三，能不能用简便的东西代替这个问题？这三个原则就是要求你要将复杂问题简单化。

毕竟在现实工作之中，导致问题变复杂的因素太多了。只有避免这些因素的介入，才会使问题变简单。

(4)掌握重点，直奔主题和结果

问题的重点在什么地方，我们该怎么把握这个重点，该怎么解决这个问题？这些都是我们在解决问题时要考虑清楚的问题，只有这样我们才能直奔主题，直奔结果。

麦肯锡给企业界贡献了一个有效率的工作方法："30秒钟电梯理论"。麦肯锡为公司的客户提供咨询，其收费是非常昂贵的，而且这些服务往往是战略性服务。因此，麦肯锡问员工，假如你在电梯里遇到了客户首席执行官，而电梯从三十楼到一楼只需用30秒钟，执行官就会问：小李，你给我们做的咨询方案有没有结果了？你能不能在30秒钟告诉他结果，一二三……或者马上抓住重点？

在这方面，过去麦肯锡曾受到过一次大的教训：他们曾经帮一个重要的大客户做咨询，咨询结束的时候在电梯里遇见了该客户的董事长，董事长就问项目负责人：你能不能说一下现在的结果呢？他们没有这样的准备，即使有准备，也没有想到要在30秒内把答案说清楚。麦肯锡最终失去了这个重要客户。

麦肯锡要求公司员工在最短的时间内把事情的结果表达清楚，即凡事直奔主题、直奔结果。这就是如今在商界流传甚广的“30秒钟电梯理论”或“电梯演讲”。

这种“掌握重点、直奔主题、直奔结果”的处理方法可以加快你工作的节奏和进程，大大提高你的工作效率。

(5)改变思维模式

一般来说，传统的思维都是一种复杂的思维，即一种不撞南墙不回头的思维。比如说愚公移山的思维、铁杵磨成针的思维。这些思维是不是有用，是不是能给我们的工作带来一些好处呢？在此，我们只能说他们精神可嘉，但是在现实中，我们完全可以另辟蹊径，将问题简单化：比如我们不去移山，可以选择搬家；比如我们不去磨铁杵，而去寻找代替物……

一个皮球掉进洞里了，四个人对皮球掉进石洞各抒己见，甲说往洞灌水，球可以浮上来。乙答用铁钩，丙说给竹竿涂上胶水，把球粘出来。三者均被否定，理由如下，石洞缝隙大，会渗水；铁钩会钩坏球；石洞呈弯曲状，竹竿无法够到球。只有丁说出他的答案。不要了，再买一个新的。

这样的话谁都会说，这样答案可能会被别人误解为“站着说话不腰疼”。但恰恰就这不含思想性的回答被认为是最佳答案，节省了时间，并且使问题简单化。

当今飞速发展的社会，一切注重速度和效率。像愚公移山、铁杵磨针，我们学习他们锲而不舍精神外，更要学会适时放弃，另辟蹊径，改变传统的思维模式。其实很多事情的解决方法不止一种，但最节省时间，最简单明了的方法是最让人欣慰的。把问题复杂化就不能彻底解决问题。相反，只有把问题简单化才会有速度和效率的双倍利益。

【职场真理】

当我们面对难题而无从下手时，可以放弃原来的思路，另辟新路思考，或许能找到解决的办法。

第六章 关注细节，千万别把小事当成是麻烦

细节决定成败。工作中的每一个细节都会对最后的结果造成影响。要想把工作做得更好，就必须认真负责地面对工作中的每一环节，把每一个细节做好。

1

在优秀员工的眼里:工作无小事

工作中无小事。每一件事都值得我们去做,即使是最普通的事,也不应该敷衍应付或轻视懈怠。

老子曾经说过:勿以善小而不为,勿以恶小而为之。小事可于细微之处见精神。有做小事的精神,就能产生做大事的气魄。不要小看做小事,更不要嫌麻烦,怕累,只要这件事有益于工作,有益于事业,有益于社会,那就不是小事,身在职场中的我们都应该从小事做起,因为,用小事堆砌起来的职业大厦才是最坚固的,也是最牢靠的。

现在,我们一同来看看韩瑞是怎么做到把握住小事的:

韩瑞从一家名牌大学毕业之后,就进入了一家跨国公司。他外表气宇轩昂,在工作业务方面的技能也很优秀,更加难能可贵的是他工作起来非常的努力,所以很受老板的器重。老板认为他是一个可塑之才,于是决定把他送到美国培训一年,回来后委以重任。

在出发前一天,老板很偶然地发现韩瑞将掉在办公室地上的废纸踢向了一边,而不是捡起来扔进垃圾桶里面。这可是举手之劳啊。于是,老板便在这一天特别留意他的一举一动,最后竟然发现他用完餐之后不但不擦桌子还把餐具随便乱放,不摆放在指定地点,甚至还随地吐痰等等的小毛病。

也因此,老板对他感到十分失望,这样一个连最基本的工作细节都不注重的员工,怎么能成为一名优秀的管理者呢,又怎么能对企业高度负责呢，于是，老板决定临时改派另一名员工去美国培训，而把他留在了平凡的岗位上。后来，韩瑞辞职去了别的公司。

不要讨厌做小事情，也不要小看小事情。很多时候，小事不一定就小，大事不一定真大，关键在于做事者的认知能力。在职场中，千万不要以为一些很小的事情不值得你去为之关注，其实你好好地想想，每件大事情不都是由小事情组成的吗？不仅仅要关注一些大事情的细节问题，要把自己的注意力也放在那些小事情上，你就会从这些小事情上获得更多的东西，才会有所积累，才会把大事情做好。

正确地认识到自己工作的意义，尊重你的工作，无论大小，都尽职尽责做好它，你便能成功。要知道，在我们生活的社会中，职业并没有高低贵贱之分，区别只是在于分工不同。当我们以正确的姿态面对自己的工作，便可以通过自己的努力，在做好自己工作的时候，积蓄自我的能力，稳步地获得成就自我职场生涯的资本。

是否真的是这样呢？我们一同来看一个事例吧：

某名牌大学的毕业生陈星，以出色的表现和优异的你成绩考入一家省级机关。他胸中豪情万丈，一心想鹏程万里，干出一番惊天动地的大事业。

可是，等他上班后才发现，工作无非是些琐碎事务，既不需太多智能，也做不出什么成绩，内心的热情便渐渐地冷却了。

一次单位开会，同事们加班准备文件，分配给陈星的工作是装订。

上司再三叮嘱："一定要做好准备工作，别到时弄得措手不及。"他听了更是不快，心想：初中生也会做的事，还用得着这样嘱咐，烦人！对上司的话根本没往心里去。

同事们忙忙碌碌，还没轮到装订，他也懒得帮忙，只在旁边看报纸。

文件终于交到他手里。他开始一份份订，没想到只订了十几份，订书机"喀"地一响，针用完了。

他漫不经心地抽开订书针的纸盒，脑中轰的一声——里面是空的。

他立刻翻箱倒柜地找，不知怎的，平时满眼皆是的小东西，现在竟连一根都没找到。

那时已是深夜十一点，但文件必须在第二天八点大会召开之前发到代表手中。

上司咆哮道："不是叫你做好准备的吗？连这点小事也做不好，大学生有什么用啊。"

他低头无言以对，脸上却像被甩了一记耳光。

从上面所叙述的事例中我们可以看到，让我们不能将工作好好完成的真正障碍，正是因为害怕吃苦受累而疏忽与轻视小事造成的，比如，那一盒小小的订书针。许多人心里有一个错误的观念，就是他们认为只要大事做得好，小事是否做好，并没有太大关系。他们还认为只要不作大恶，有些小事虽然做得不很合理，并没有什么大害处。这种错误的观念给人们造成了极大的损害。因为一切大事皆由小事积累而成，小事做不好的人绝不会把大事做好。在小事上不注意细节的人，将来一定也做不出什么大事来。

小事就是构成大事的材料，大事就是小事集合而成的。一座金碧辉煌的巨大建筑，是由千万块微小的木材、石块、砖瓦组成的。如果没有那些微小的材料，就一定不会有那一座雄壮的建筑物。同样，一个大项目的完成也是由于许多琐碎的小工作集合而成。如果一个人把那些小事都无法做好，如何能希望他成大事呢？

在现代职场上，几乎所有的人都胸怀大志，满腔抱负，但是成功往往都是从点滴开始的，甚至是细小至微的地方。如果不遵守从小事做起的原则，必将一事无成。因此，我们在面对工作时须牢记：凡事勿急功近利；先要历练自己的心境，沉淀自己的情绪；从零做起，从小做起。

【职场真理】

即便是特别小的事，我们都应当认真面对，要求自己把它做好。唯有如此，我们才能真正地把握住工作的质量，不会因为细小的失误而导致前功尽弃。

2

认真面对小事才能做好大事

只有做好小事才能有机会有能力去做更重要的事。

很多人在工作中都是在做一些小事，然而决定成败的关键就在这些小事上。一个人不怕没能力，也不怕没机遇，怕就怕连小事也做不好，做不到位。有很多人不屑于做具体的小事，总是希望做大的、重要的事。殊不知，能把自己所在岗位的每一件小事做成功、做到位就已经很不简单了。无论做什么样的工作，重要的是做好眼前的每一件小事。所谓成功，就是在平凡中作出不平凡的坚持。

有两位计算机专业毕业的大学生，同时到一家公司上班。本来他们以为终于有机会大展拳脚了，可是没想到，两人都只被安排做一些琐碎而单调的工作，每天早上打扫卫生，中午预订盒饭，帮同事复印资料，接收传真，等等。还没过试用期，一位大学生便辞职不干了。他想让另外一个人和自己一起走，他说："咱们不应该蜷缩在'厨房'里，而应该上'厅堂'。咱是大学毕业生，每天帮他们干杂活儿，太屈才了，我要去一个能施展拳脚的地方。"可是另一位大学生却不这样认为，他认为，公司这样安排肯定有其道理，做这些看似琐碎的工作能让他很快和公司的同事熟络起来，为以后工作做准备。又过了两个月，公司正式安排他做一些有关计算机方面的工作。

一次公司开完会，经理问他为什么当初没有走？他说："从小，母亲就告诉我，无论做什么事都不能马马虎虎，否则，什么事情都不可能做好。"

经理满意地点点头："其实我最初要考验你们也是这个意思，如果连最基本的事情都做不好，更不可能把大事做好了。恭喜你通过了公司的考察!”

而那个离职的人呢?现在还流连于各大招聘会现场,因为没有任何一家公司会把重要的任务交给新来的员工,都会有一个考察的过程,很可惜,他都没有通过考察,他总认为自己是做大事情的人,每次工作不到一个月就离职。

对于职场中人来说,如果总是认为自己的工作无关紧要,抱着无所谓的工作态度,那么什么样的工作也难以做好。相反,如果我们能够把每一份工作都看成是一次成长和发展的机会,积极地寻找解决问题的办法,我们就能够在自己的工作中获得极大的收获。

那些看不到细节,或者不把细节当回事的人,对工作缺乏认真的态度,对事情只是敷衍了事。当然这种人也是不会取得什么成就的,而考虑到细节、注重细节的人,不仅认真地对待工作,将小事做好,而且注重在做事的细节中找到机会,从而使自己走上成功之路。

皮尔·卡丹曾经对他的员工说:“如果你能真正钉好一枚纽扣,比你缝出一件粗制的衣服更有价值。”

事实上你手头的小工作其实正是大事业的开始,一个职场人士责任感的高低体现在小事上,能否认识到这一点,决定了你能否做成一项大事业。

李名是一个成功的商人,但是你可能想象不到的是,他曾经只是个一无所有的穷小子。他能够获得成功,是因为他在不经意间发现城里人开始讲究了,居室都布置得很好,清洁卫生每日都得做,比如拖地,用一块布擦地很费时费事,如果改用棉质拖把,那就方便简单多了。制作棉拖把有何难呢?于是,李名就四处去打听,看看能否弄些材料,结果,他在一家大棉纺厂的垃圾堆里,捡回了许多厂家丢弃的碎棉布条。别人都嘲笑他是“捡破烂”的。可李名并不在意,继续自己的工作。他把破布条整理出来扎成各种拖把,拿到街上试销,每把还可卖到2元钱。虽然利润很小,可是他并没有放弃他的这个生意。一年之后,他居然积蓄了5000多元。

有了这5000多元,李名便开始思考,以后是不是该做点别人嘴中所谓的大事?经过思考,还是觉得这一行他比较熟悉。

于是，他又改变了只扎拖把的单一产品结构，东借西凑，弄了点资本，购买了缝纫机。他把捡来的破碎棉布中稍大的布块，拼缝成童装，细小的便扎拖把。这样干了半年之后，他赚了50000多元。

这时候，李名并没因小小的成功而骄傲自满，继续从事着自己的事业。

李名瞄准市场上毛毯热销这一点，专门从上海、杭州等大城市棉纺厂、化纤厂中收购各种边角料，花费本钱并不多，运回后，筛选分拣，那些大块的制作成童装，细小的，不再制作拖把，而是剥理成丝，纺成丝线，编织成各品种的毛毯，或者挂毯。比如童装，每件成本相当低廉，原材料连同人工及各项开支打进去，也不过3～4元，而大宗批发，一般都在10元以上。那些用彩色化纤边角料编织而成的毛毯，色彩鲜艳，构图巧妙，又结实密匝，因此，深受用户欢迎，产品销往内地十多个省份。

尝到甜头后，李名就扩大投资，扩大生产规模，除了生产加工童装、毛毯之外，他还把业务扩展到饮食业上来。一年之后，李名又开始涉足家电行业。当时，家电市场正在起步，他便率先行动，专营日本进口原装件产品，很快，便发了大财，一跃成为百万富翁。

每次当李名回忆起自己白手起家的过程时，他都很有感触地说，没有本钱不要紧，关键是看你如何面对自己的人生。如果我当时没有捡破烂，哪会有今天的我啊?!是的，他就是靠捡地上的金银财宝发家致富的。他的成功之处就是没有好高骛远，他拒绝浮躁、从小事做起，做事不贪大是李名成功的法宝。

从上面李名的故事中，我们可以明显地感觉到这一点，只要我们有着一种良好的心态，脚踏实地地去将事情做好，哪怕是看起来不起眼的小事，只要我们认真地去做，就一定会做出不同凡响地成就，并且获得成功。

细节决定事业的成败。成大业若烹小鲜，举大事必重细节，事实上，在我们周围，不缺少雄韬伟略的战略家，而缺少精益求精的行动者，我们必须要明白：做好小工作，是成就大事业的第一步。

【职场真理】

所有的成功者，他们与我们都做着同样简单的小事，唯一的区别就是，他们从不认为他们所做的事是简单的小事。

3

千万不要忽略细小的错误

牵一发而动全身，工作中任何一个细节出了错误，都可能会带来意想不到的后果。

我们在工作中出现的往往都是很小的错误，很多人明明知道，却因为怕麻烦而选择忽略。但如果你去了解一些成功人士，就会发现，它们有一个共识：工作无小错。因为，小错误也可能引起严重后果，千万不要因为错误的微小而忽视它，“防微杜渐”说的就是这个道理。

有一个单位要招聘电脑打字员。在人才交流中心的招聘会上，有许多中专、职高毕业的女孩子慕名而来。公司负责招聘的人大声喊：“不要拥挤，不要拥挤！每个人都有机会。大家明天早上八点钟带着你们的简历到公司的人力资源部来，我们经理将接待大家。”大家听后都赶紧回家把自己的简历仔细修改、美化了一番。

第二天，公司的人力资源部里挤满了来应聘的女孩。人力资源部工作人员说，我们公司的经理就在里面，大家按照先后次序进去把各自的简历交上去，然后到隔壁的休息室等待面谈。女孩们依次走到里面，把她们的简历递交上去。经理在那里笑眯眯地接着，不时向大家点头示意。细心的女孩子发现，经理一份份地接着简历，并不翻看里面的内容，而是稍稍闪身，在每一份简历上都作了标记。奇怪，经理在干什么呢？什么意思？大家心里有点嘀咕。

在休息室里等了大约只有十几分钟，人力资源部工作人员进来说："让大家久等了，现在我念一下参加复试的名单。"

念到名字的欢欣鼓舞，没有被念到的伤心而去。等到人基本都走了，一个落选的女孩子走了过来，满脸疑惑地问："你们到底是以什么标准来选的呀？这么快就有答案了。"

人力资源部工作人员笑了："您能够问已经很不错了，请进来，我们经理可以和您谈谈。"

人力资源部经理听了她的问题微笑着说："刚才我看你们简历的时候，趁机仔细观察了你们的指甲。指甲长长的，肯定不是认真工作的，因为打字要天天敲键盘，是要磨损指甲的。所以，还有比指甲更能说明一个打字员的工作情况的吗？"真正能展示一个人才华和素质的，往往就是细节。

对我们大多数人而言，工作都是由一件件小事构成的。士兵每天所做的工作就是队列训练、战术操练、巡逻、擦拭枪械；饭店服务业每天的工作就是对顾客微笑、回答顾客的问题、打扫房间、整理床单。你每天所做的可能就是接听电话、整理报表、绘制图纸。所以当我们在工作中出现错误的时候，可能都是很小的错误，甚至有一些错误完全可能被忽略掉。所以很多时候我们都没有去承认自己的错误，担负起自己的责任。我们心里想着，如果我犯了严重的错误，我一定会承认的，这么小的一点事情就没必要那么认真了吧。如果你真是这样想的，那就错了。如果你去了解一些成功人士，就会发现，他们都有一个共同的认识：工作无小错。

哈尔·尼达姆是一个裁缝，一年前他离开了师父，开了一家属于自己的缝衣店。他的手工活做得好，价格又便宜，附近的人都到他那里做衣服，所以他每天都很忙。有一次，一位老妇人到他店里定做了一套礼服。等哈尔·尼达姆做完的时候发现袖子比老妇人定的长了半寸。老妇人很快就会来取这套礼服的。哈尔·尼达姆已经没有时间去修改衣服了。不久老妇人来到了哈尔·尼达姆的店中。她穿上了礼服，在镜子前照来照去，对哈尔·尼达姆手艺大加赞赏，就在她要付钱的时候，哈尔·尼达姆说："夫人，我不能收您的钱。很抱歉，我把礼服的袖子做长了半寸。如果你能再给我一点时间，我会把它修改一下的。"老妇人马上就要穿着礼服去参加一个晚会，所以哈尔·尼达姆已经没有时间了。老妇人表示她对礼服很满意，准备付钱离开。尽管她不介意那半寸，但哈尔·尼达姆无论如何也不肯收老妇人的钱。正是哈尔·尼达姆这种勇于承认错误、承担责任、一丝不苟的工作态度使他后来成为一名世界闻名的高级服装设计大师。

哈尔·尼达姆没有因为错误小就放过错误，而是认真对待。正是这种态度让他取得了成功。我们很多年轻人都喜欢好高骛远，不能踏踏实实地工作。工作中出现一些小问题也不愿深究，得过且过。日久天长，等出现大的错误时，他们早已经习惯逃避责任了。这样的人可能在事业上取得成功吗？这样的员工会得到赏识吗？

一些人轻视小错误，往往是因为他们认为小错误不会引起太严重的后果。其实这种想法大错特错。美国历史上有一次探月失败就是因为一节电池的问题。当时飞船已经到达月球却无法着陆，原来是一节价值仅30美元的电池有故障，由于工程人员在检查飞船的时候重点检查了"关键部位"而把它忽略了。就是因为这样一节电池，几十亿美元浪费掉了。可见小错误也会引起严重后果的，因此，我们在工作中千万不要因为错误的微小而忽视它。

【职场真理】

在工作中，我们不能有侥幸之心，千万不要以为那些细小的错误不会出什么大问题，而应当以认真负责的态度把它做好。

4

越是被人忽略的小事就越要注意

对自己的工作负责就是要求自己不要放过任何一件小事。

海尔总裁张瑞敏先生在比较中日两个民族时曾说过："如果让一个日本人每天擦桌子六次，日本人会不折不扣地执行，每天都会坚持擦六次；可是，让一个中国人去做，那么他在第一天可能擦六次，第二天可能擦六次，但到了第三天，可能就会擦五次、四次、三次，到后来，就不了了之。"有鉴于此，他还表示："把每一件简单的事做好就是不简单；把每一件平凡的事做好就是不平凡。"

可见，把小事做好才是成功的开始，而这也正是优秀员工在职场中应有的认识，而不是浮躁地认为小事情怎么做都行，只要做一次"大事"就能够功成名就。要知道只有把所有的小事情都做好，才能有机会做更大的事情。如果连小事情都做不好，又怎么能做好大事呢？

所以说，如果想要成功，就要像下面故事中的人物一般，从注意小事开始：

一个著名的银行家，每当他向年轻人讲述他的过去时，他的经历常会令闻者沉思起敬。

还在读大学期间，他就把目光放在了银行界，在银行界谋职是他的梦想，所以毕业后他就开始向银行"进攻"。

一开始，他就去那些最好的银行求职，但他的求职历程接二连三地碰壁。后来，他又去了其他银行，结果也令他非常沮丧。可是他要在银行界谋职的决心一点儿也没受到影响。

有一天，他再一次回到了那家最好的银行，"胆大妄为"地直接找到了董事长要求会面，然而被董事长拒绝了，而这已经是他第 52 次遭到拒绝了。

正当他失魂落魄地走出银行时，突然看见了银行大门前的地面上有一枚大头针。于是他弯腰把大头针捡了起来，以免伤人，这对于他来说只是生活中一件平凡得不能再平凡的小事，根本不会在意。

回到家里，他仰卧在床上，望着天花板直发愣，心想命运对他为何如此不公平，连让他试一试的机会也没有。

第二天，他又准备出门求职的时候，却收到一封信。他好奇地拆开一看，顿时欣喜若狂，甚至有些怀疑这是否是在做梦，因为他手里的那张纸是录取通知书。

原来，昨天就在他蹲下身子拾起大头针的时候，被董事长看见了，董事长认为如此精细小心的人，很适合当银行职员。所以，董事长改变主意，决定雇佣他。从此，这位年轻人细心的性格，再加上坚强的品格使他在银行界平步青云，终于有了功成名就的一天。

最终成为银行大王后，他常用自己的经历告诫银行里的年轻人："第一，做任何自己想做的事要矢志不渝，不成功绝不罢休；第二，作为一个从事银行工作的人，细致小心绝对重要，比100万还要大的数字要小心对待，比1还要小的数字也要仔细核对。对银行家来说，没有细致小心，就不能成就大业。"

成功有时候很简单，就如同故事中的银行家一样，也许只是取决于你能不能注意到"掉在地上的大头针"而已。如果注意到，你就有可能获得成功的垂青，而没有的话，那你只能平庸一生。这看似好像极不公平，但是事实就是如此。

所以说，优秀的员工无论如何也要在工作中注意细节，注意小事，因为这才是一切的开始，才是你成功命运的开端。

在职场中培养自己注意小事的心态时，主要从下面几个方面入手。

(1)要看清事物的全貌

一位年轻的女子进入一家毛织厂后，就一直从事织挂毯的工作，做了几个月之后她再也不愿意干这种无聊的工作了，因为她认为自己的能力并不比别人差，所以她工作绝不是仅仅为了这些小事，而是应该干些更大的事情。

于是，她去向主管递交辞呈。主管问她为什么辞职，她低沉地叹气道："做这种事情没有一点意思，整天只能机械地打结、剪线，没完没了的重复，这种事完全没有意义，真是在浪费时间，我想干一些有意义的大事 。"

主管意味深长地说："其实，你的工作很有意义，别看你干的是一些小事，但你织出的很小的一部分却是十分重要的一部分。"

然后主管把她带到仓库里，在挂毯面前，年轻的女工惊讶地愣住了。

原来，她编织的是一幅美丽的百鸟朝凤图，而她所织出的那一部分正好是凤凰展开的美丽的羽毛。她没想到，在她看来没有意义的工作竟然能变得如此美丽，如此伟大。

生活中也好，职场中的工作也好，其实都是由各种各样的细小的事情组成的，缺少任何一部分，都会变得不再美丽，不再完美。所以不要轻视你现在所作的无聊的小事，从整体上来看，你的每一份文件，你的每一位客户，你的每一份策划，甚至是你的每一次敲打键盘都是有意义的，都是重要的。

所以说，如果觉得自己的工作非常无聊，那么不妨来看看整体，那时你就会发现，其实你现在的工作就是一件非常伟大的、非常有意义的工作。

(2)多出的细节就是胜利的原因

菜市场里有两家卖豆腐的，分别是老王和老李。他们两个人不仅年龄差不多，而且吆喝的腔调一样，都是尾部带着悠长的余韵，但两人的生意差距却很大，老王家的生意比老李的好得多。对此老李觉得非常奇怪，因为一样白嫩的豆腐，都是给很足的秤，为什么他家的就卖得好呢?

后来，他逐渐发现了其中的奥秘。原来，同样是卖豆腐，老王总是比老李会多说一些话。比如张大妈去买豆腐，老王会边称豆腐边问："身体还好吧?"如果跑运输的赵师傅去买，老王会说："活儿多吧?"他的话语里透着理解和关心。就是这样时间一久，大家都把老王当成了朋友，即使不需要豆腐，听到他的吆喝，也要买一点放在冰箱里，就为了听一句充满温馨的问候。

再后来，老李因为豆腐的生意实在清淡，无奈只好打算改行，但是他打算无论改行做什么都要学老王，每次都多问客户一句。

故事中看似可有可无的一句简单的问候，却成为了胜负的关键，而这样的事情在职场中也是极其常见的事情，仅仅因为一个小小的差距，就让你在与“对手”的“生死对决”中成为了败者，这是一件多么令人不甘心的事情啊！

所以，优秀的员工在工作中，要随时随地要求自己，谨慎小心地处理好每一个细节，让他人没有的细节部分成为你的胜负关键点。

【职场真理】

任何事情都是从小事开始，一步一步，一节一节地积累而成的。在职场中，我们一定不要心存浮躁，而是应该把自己“沉”下来，学会从小事情做起。

5

以快乐的心情面对那些“小事”

一个觉得小事麻烦的人永远难以成就大事。

工作中不可能每天都做那些惊天动地的大事，也不可能每件事都能让我们激动不已，更多的其实还是那些日复一日、琐碎而枯燥的事。但也有那么一些人，虽然每天也都同意面对这些单调的工作，却始终高高兴兴。这在另一些人看来很不理解，甚至觉得成天干这些无聊的事，还那么高兴，这不是“傻乐”吗？

这些“聪明”的人其实没有明白一个道理，那就是快乐的人生就是“被需要”，快乐的工作也同样是“被需要”。如果我们每天都能用一份良好的心情去面对工作，并从中发现工作的意义和乐趣，那么工作中的烦恼就不复存在了。

有一个年轻人，他的工作是在快餐店里负责煎汉堡。他每天都很快乐地工作，尤其在煎汉堡的时候，他更是兴趣盎然。许多顾客对他如此开心感到不可思议，都问他：“煎汉堡是件单调乏味的事，工作环境也不好，为什么每天你都如此愉快并充满热情地工作呢？”

这个年轻人自豪地回答道：“在每次煎汉堡时，我便会想到，如果点这汉堡的人可以吃到一个精心制作的汉堡，我就能将快乐的心情通过汉堡传递给他，他就会很高兴。所以我要好好地煎汉堡，使吃汉堡的人能真正感受到我带给他们的快乐。看到顾客用餐后十分满足，并且神情愉快地离开时，我同样感到十分高兴，觉得自己又完成了一件重要的工作。因此，我把煎汉堡完全当作我每天工作的一项使命，尽全力去做好它。”

顾客听了他的回答之后，都非常钦佩他能用这样的工作态度来煎汉堡。他们回去之后，就把这件事情告诉周围的同事、朋友或亲人，一传十、十传百，于是很多人都来这家店吃他的“快乐”汉堡。

同时顾客也纷纷把他们看到的反映给公司。公司主管在收到许多顾客的反映后，就去了解情况。他们也被年轻人这种热情积极的工作态度所感动，并认为值得奖励并给予重用。没多久，这个年轻人便被升为分区经理了。

煎汉堡本身是一件很简单的工作，但这个年轻人却把它当作是自己的工作使命，以煎好每一个汉堡并让顾客吃得开心为职责。可能有些人觉得这个年轻人有些傻，但顾客不会认为这是“傻”，公司也不会认为这是“傻”。

对任何人而言，任何一件工作都是有意义的，都应该发挥不怕苦不怕累的精神，满怀信心和热情地去做好它。微软公司总裁比尔·盖茨曾对他的员工说：“工作本身没有贵贱之分，对待工作的态度却有高低之别。”

工作是人生中不可或缺的一部分，当我们拥有不怕苦不怕累的精神，把它看成是人生一项快乐的使命并投入热情时，上班就不再是一件苦差事，工作就会变成一种乐趣，你也自然就会拥有光明的前途。相反，如果你将工作视为一种不得不做的差事，一味地逃避和糊弄，那么你只能对工作感到厌倦和失望，最终吃亏的也只有你自己。

平凡的是工作岗位，不平庸的是工作态度。无论你从事的工作多么琐碎，都不要看不起它，关键在于你如何看待自己的工作。只要你真诚地工作，没有人能够贬低你的价值。

公司所有的人都是从最基层做起的，对工作有利的就是对自己有利的。如果一个人能够不怕苦不怕累，就能尽职尽责地把自己的工作做好，那么，他在职场上的发展前途就不可限量。然而，令人遗憾的是，有不少职场新人，特别是很多刚刚大学毕业的学生，自以为学识渊博，不愿意吃苦，刚做了一点事就认为应该有高额回报，对自己的酬劳也越来越不满意。然而，几年过去了，他们越想得到却越是得不到，于是厌世、埋怨的思想和心理就占据了全部身心。

生活中，我们经常能看到这样一些人，他们抱怨自己的工作枯燥、卑微甚至轻视自己的工作，在工作中敷衍，得过且过。他们不愿意全身心地投入到工作中去，而是将大部分“聪明才智”用在如何摆脱目前的工作环境上，这样的员工在任何地方都不会有成就。

有一个刚从学校毕业的大学生，踌躇满志地进入了一家公司，却发现老板分配的工作是一个谁都能胜任的办公室日常事务性工作，而且公司里还有那么多的局限。对于一向自视清高的他而言，别提多么失望了。

他到处发泄自己的不满，但好像并没有人理睬他。他虽然心里仍然不情愿，但也只好埋头干活。慢慢地，他不再像刚去的时候那样浮躁了，而是努力地去做自己手头上的事情。每做好一件，他都会得到老板的肯定，内心也就被满足一次，靠着这种所谓的“虚荣心满足”，日子就这样一天天过去了。

有一天，他在公司遇到了一位白发苍苍的老人，开始他并没有注意到这位老人，只是后来由于工作的原因，与他打了几次交道。经人介绍他才知道，这位老人竟然是公司总裁的父亲。而这位老人没有因为特殊的身份而讲究太多，仍然是每天风雨无阻地与大家一样上下班，一直是那么平常，那么不起眼。

老人曾对年轻人说过这样一句话：“把手头上的事情做好，始终如一，你就会得到你想要的东西。”

年轻人记住了老人的教诲，开始全身心地投入到工作中，认真负责地做每一件事情，无论如何地不情愿，都尽心尽力地做好。而且在做了以后，自己的心态也就平静了，后来他成为了这家公司的总经理。

过了好多年，这位总经理依然记得老先生的那句话。

【职场真理】

想要成为优秀员工，就绝不可以放过对细节的把握，只有把握好了细节，把所有小事都当作大事做，才能抓住更多升职加薪的机会，成为公司必不可少的人物。

6

注重细节，不妨跟小事较较劲

我们始终都要以做大事的精神状态去面对小事。

很多时候，决定我们成败的是一些被我们忽略的小事。我们要想在职场中得到更好的发展，就必须注重这些小事，不妨跟这小事较较劲，当我们发扬不怕苦不怕累的精神，改变心浮气躁、浅尝辄止的毛病，认真地对待这些小事，把这些小事做好之后，往往会取得意想不到的效果。

一个勤奋的年轻人在一家公司打工，由于良好的工作业绩很快就受到了老板的赏识，不久他就被老板委以重任，老板让他去同一个外商洽谈合作项目。

谈判进展得很顺利，只是还存在有待商榷的地方。当谈判结束之后，年轻人邀请这位外商共进晚餐，晚餐很简单，几个小菜，两杯淡酒，两人边吃边聊，最后他们点的东西基本吃得干干净净，仅仅剩下两个小包子。于是，这个年轻人把服务员叫了过来，并表示希望能把这两个包子打包带走。外商赞赏地看着这个年轻人。

第二天，外商打来电话表示愿意同他签订项目合作合同。原来小伙子将吃剩下的两个小包子打包带走这个行为感动了外商，使外商能够顺利地与他签订了合作项目。

通过上面的例子我们不难看出细节的作用。在一件看似微不足道的细节上，有的人做得很得体、很讲究，而有的人却对此完全不在乎，甚至给别人留下恶劣的印象。在许多平凡琐碎的生活中培养起注重细节的素质，将成为一个人一生无形的资本，影响着他成功道路上的每一次行动。千万不要以为微小的细节无关大雅，工作和生活中，你的一言一行都决定着别人对你的看法。

一家著名国际贸易公司高薪招聘业务员。在众多的应聘者中，有一位年轻人条件相对优秀，他毕业于名牌大学，而且又有工作经验。因此，当他面对主考官的时候显得非常自信。

“你原来在外贸公司做什么工作?”主考官问道。“做花椒贸易。”年轻人回答。“以前花椒的销路非常好，可是近几年国外客商却不要了，你知道为什么吗?”“因为花椒质量不好。”“你知道为什么不好吗?”年轻人想了想说道：“一定是农民在采集花椒的时候不够细心!”

主考官说：“你错了。我去过花椒产地，采集花椒的最佳时间只有一个月，如果采集太早，花椒还没有成熟，采集太晚，花椒在树上就已经爆裂了。花椒采好后，要在太阳下暴晒一整天，如果晒不好，就不能称之为上品。近几年来，许多农民图省事，把采集好的花椒放在热炕上烘干，这样烘出来的花椒虽然从颜色上看起来和晒过的花椒差不多，但是味道却差远了。”

“一个好的业务员要重视工作中的各个细节。”主考官说。

花椒的采集过程让我们看到了任何一个细节对于结果所起的巨大作用，没错，任何一粒小小的花椒的形成都包含了很多细节，只要一个细节出了问题，花椒的味道就大不相同了，在我们的工作中也是一样。没有一个行为不会对你的工作结果造成影响，相反，任何一个微小的举动都或多或少地影响着最终结果，一个个完美的细节构筑了最后的成功。

约翰·洛克菲勒曾说："每当听到大家夸赞一个年轻人前途无量时，我总是要问：'他努力工作吗？认真对待工作中的小事吗？他从工作细节中学到东西没有？'"

一个人即使有再高的学历，如果对待工作不认真，最终也将一事无成。有一句格言说："只因准备不足，才导致失败。"这句话可以作为无数失败者的墓志铭，有些人虽然肯努力、肯牺牲，仅仅由于对工作中的细节没有很好地把握，他们往往不能把工作做到位，所以便始终也实现不了其成功的梦想。

看看我们的周围吧，有多少人对工作的细节始终把握不到位，"熟不生巧"的人比比皆是，他们总是对工作中的细节抱着"差不多"和"想当然"的念头，做起事来敷衍塞责，就算已经是第100次做这件事了，也不会比第一次做得更好。

不论做什么事，你都应该精通它，这是取得成功的真理。但如果你不能把工作中的每一个细节都做到位，那么真理对你将是一句空话。

优秀的员工和平庸的员工之间的差别，往往就在与对待一些细小的事情上，并且正是因为这些细小的事情，才决定了不同的人具有不同的命运。

通过麦当劳的故事我们来说明上面的问题：

就目前的情况看来，麦当劳在中国开到哪里，火到哪里，如今，这种现象令中国餐饮界人士又是羡慕，又是嫉妒，可是有谁看到了麦当劳在入军每个市场的前期艰苦细致的调研工作呢？麦当劳进驻中国前，做了连续5年的跟踪调查，内容主要包括中国消费者的经济收入的情况和消费方式的特点，不仅仅提前4年在中国东北和北京市郊试种马铃薯，而且还特别细心地根据中国人的身高体形确定了最佳柜台、桌椅的尺寸，还从香港麦当劳空运成品到北京，进行口味试验和分析。开首家分店时，在北京选了5个地点反复论证、比较,在作完之前那些充足的准备之后,最终麦当劳进军中国,一炮打响。这就是细节所带来的巨大效益。

还有这样一个例子。

1950年,朝鲜战争爆发之初,就中国政府的态度问题,兰德公司集中了大量资金和人力加以研究,得出7个字的结论:"中国将出兵朝鲜",作价500万美元(相当于一架最先进的战斗机价钱),卖给美国对华政策研究室。研究成果还附有380页的资料,详细分析了中国的国情,并断定:一旦中国出兵,美国将输掉这场战争。美国对华政策研究室的官员们认为兰德公司是在敲诈,是无稽之谈。

后来,从朝鲜战场回来的麦克阿瑟将军感慨地说:"我们最大的失误是舍得几百亿美元和数十万美国军人的生命,却吝啬一架战斗机的代价。"

事后,美国政府花了200万美元,买回了那份过时的报告。可见"中国将出兵朝鲜"七个字,字字无价,可想而知,那380页的资料是兰德公司研究了多少细节问题才总结出来的啊!

要落实工作中的每个细节,就要对细小的事情也不要掉以轻心,而是要专注地去做才会产生好的结果,你要知道,会成为大人物的人,即使要他去收发室做整理信件的工作,他的做法也会跟别人有所不同。这种注重工作中的细节的态度,就是使自己的前途得以不断向前发展的重要保证。

【职场真理】

在工作中,一个不把细节当回事的员工,所缺乏的是对待工作的认真态度。这样的员工是难以真正地把工作做好、做到位的。

7

在别人最容易忽视的地方找突破

越是人们不在意的地方往往存在着更好的机会。

在这个世界上没有解决不了的问题，关键还在于我们自己，看看我们有没有解决困难的勇气。那些在职场中深受老板器重的优秀员工告诉我们：在面对困难时，除了勇气之外，最为重要的就是要有不怕苦不怕累的精神，凡事只要多留心、多观察，往往就能在别人最容易忽视的地方找到突破口。

确实，敏锐的观察可以让我们发现日常生活中为人们所忽视的种种细节，琢磨这些细节往往可以使人眼前一亮，发现前所未有的新领域。从普普通通生活中获取的大量素材，通过分析和判断，从中获得能反映生活的本质和社会主流的东西，更能够成为成功的催化剂。

美国总统罗斯福说："克服困难的办法就是找办法，而且，只要去找，就一定有办法。"

罗斯福8岁的时候，长着一副暴露在外而又参差不齐的丑牙，谁见了都觉得好笑，所以他总是缩手缩脚，个性内向，不善交际。当他在课堂上被老师提问的时候，他总是站在那里两腿直打哆嗦，牙齿颤动着说出一些含混不清的答案，几乎没有人能听懂。当老师让他坐下时，他才如释重负。

尽管如此，罗斯福从来没有把自己看成是一个可怜虫，从未自暴自弃，从不拿自己的这些缺陷来作借口使自己懒惰下去，也从未觉得自己不可救药，而恰恰是缺陷激励着他去奋斗。针对自己的缺陷，他努力加以改正，如果实在没有办法改变，他就极力加以利用。在演说中，他学会巧妙地利用他沙哑的声音、利用他那暴露在外的牙齿，这些本来足以使演说一败涂地的缺陷，后来竟都变成了使他获得巨大成功的不可缺少的条件。经过不懈的努力，他后来成了深受美国人民爱戴的总统。

与罗斯福的人生一样，在每个人的工作中，都会碰到一些困难和障碍，我们应该坚强地面对它们，积极地寻找办法，努力去克服这些困难和障碍。

因此，要想成为一名出色的职员，你就一定要尽力地使自己具有创新思维的特征并避免被灰尘蒙蔽。在对待工作中的问题时，要尽一切可能寻找各式各样的解决方法。

有一天，一个拄着拐杖、少了一条腿的退伍军人，一跛一跛地走过镇上的马路，旁边的镇民带着同情的口吻说："可怜的家伙，难道他要向上帝祈求再有一条腿吗？"这一句话被退伍军人听到了，他转过身对他们说："不，我不是要向上帝祈求有一条新的腿，而是要祈求他帮助我，教我没有一条腿之后，也知道如何生活。"

爱达斯石油公司的总裁总是用这个故事教育他的员工。他认为只有那些在没有一条腿之后，还积极争取把路走好的员工才是公司的脊梁，只有他们才是困难的敌人，因为他们"总有克服困难的办法"。

有一位青年在美国某石油公司工作，他所做的工作就是巡视并确认石油罐盖有没有自动焊接好。石油罐通过输送带移动至旋转台上，焊接剂便自动滴下，沿着盖子回转一周，这样的焊接技术耗费的焊接剂很多，公司一直想改造，但又觉得太困难，试过几次也就算了。而这位青年并不认为真的找不到改进的办法，他每天观察罐子的旋转，并思考改进的办法。

经过他的观察，他发现每次焊接剂滴落39滴，焊接工作便结束了。他突然想到：如果能将焊接剂减少一两滴，是不是能节省点成本？于是，他经过一番研究，终于研制出37滴型焊接机。但是，利用这种机器焊接出来的石油罐偶尔会漏油，并不理想。他没有灰心，又寻找新的办法，后来研制出38滴型焊接机。这次改造非常完美，公司对他的评价很高，不久便生产出这种机器，改用新的焊接方式。也许你会说：节省一滴焊接剂有什么了不起？但"一滴"却给公司带来了每年5亿美元的新利润。这位青年，就是后来掌握全美制油业95%实权的石油大王——约翰·戴维森·洛克菲勒。

现代心理学的研究表明，在困难面前积极想办法的态度会激发我们的潜在智慧，因为，我们大多数人的智力在平常都处于半开发的状态，而一个人只有在兴奋和激动的时候会有意想不到的智力表现。因此，一些成功的企业在遇到困难的时候，非常注意营造一种动脑筋、想办法的精神氛围，他们相信天无绝人之路。

工作不在于你怎么做，而在于你是怎么想的。

一个人有什么样的思维就会有什么样的行为，即思维决定行动。

一个具有吃苦敬业精神的人同样是善于和勤于思考的人，他们总是能找到完成工作的最好办法。想想看，这样的人又怎么可能不会成为老板器重的人呢？又如何不能在职场中获得较好的发展呢？

【职场真理】

在工作中我们不可能遇不到困难。在这个时候，我们千万不要心存畏惧，而是应当静下心来，积极思考，即便是非常细小的问题也不要忽略。因为，很多的时候，突破的关键就隐藏在一些细小的事情之中。

第七章　刻苦学习，积极主动提升自我的实力

“书山有路勤为径，学海无涯苦作舟”，不断提升自我的知识和技能，才能应对工作中层出不穷的问题，把工作做得更好。

1

多学一点就多一份竞争力

只有不停地学习，提升自我的知识与技能，才能在竞争激烈的职场中把握主动。

任何一个身在职场中的人都要明确地知道这一点：随着时间的推进，人们赖以生存的知识、技能会折旧。

有职业专家指出，职业“半衰期”越来越短，任何高薪者若不学习，五年之内就会跌入低薪者的行列；任何低薪者若不学习，三年之内就会加入失业者的行列。

有资料显示，25 周岁以下的从业人员，职业更新周期是人均一年零四个月。当 10 个人只有 1 个人拥有电脑初级证书时，他的优势是明显的，而当 10 个人中已有 9 个人拥有同一种证书时，那么原来的优势便不复存在。因此，在这种环境下，我们必须不断地学习更先进的知识和技能。只有这样，我们才能真正地在职场中获得不断地发展。松下幸之助的经历就为我们验证了这一准则：

松下幸之助是日本首富，他创建了赫赫有名的松下电器公司，但是他早年家境贫寒，体弱多病，而且没有读过多少书，只有小学四年级的文化程度，这不能不说是一个奇迹。那么，他是靠什么取得这些辉煌成绩的呢？

松下不止一次强调，是学习让他从一无所有到功成名就。因为从一开始他就知道自己知识有限，所以，不得不提醒自己在平时的工作中要勤于向他人学习，并且这个良好的习惯贯穿了他的一生,也因此他才取得了非凡的成就。

松下明白,自己学识浅薄,只有多学才能弥补自己的缺陷。于是,当师傅工作的时候,他就很认真地学习,同时他很勤奋,每天都比别人晚下班,用这些时间阅读各种电子产品的说明书;在其他两个同事外出游玩的时候,他却参加了电器修理培训班。他花了大量的时间在学习电器知识上面,因为他决心通过不断地学习让自己成为这方面的内行。而在这种时候,他的两位同事却在嘲笑这个异想天开的小学徒,但这一切都无法阻止松下继续学习的决心。成功总是眷顾那些勤奋好学的人,经过不懈的努力松下有了突出的进步。

功夫不负有心人,不断的学习使松下从一个对电器一窍不通的学徒变成了一个电器方面的专家,并且还可以自己动手修理与设计电器。他通过学习改变了自己,将自己提升到了一个新的高度。由于他对新事物的接受能力非常强,他很快成为师傅的得力助手,师傅对松下的这种学习精神非常赏识,不久便将他由学徒工提拔为正式员工,并且将店里的很多事情都交给他处理。这一切都为松下以后的创业打下了基础。

不断学习是成功人士的基本素质,也只有不断学习你才有更多成功的机会。松下正是意识到知识对于一个人的重要性,才下苦功夫学习,最终实现了自己的人生价值。下面故事中的小超也是一位因为不断学习而获取成功的人士。

小超原来在一家公司做办公室助理,主要负责帮助经理打理日常事务。但是后来随着公司的发展,人员的增多,经理所要负责的事务越来越多,小超的工作内容也相应地增加了。慢慢地,小超意识到仅凭自身现有的知识来支持现在的工作已经远远不够了。当小超意识到这种情况时,就马上为自己制定了充电计划。不管工作有多忙,他都会挤出时间来学习。公司里安排的员工培训任务,他也会积极主动地去申请。

终于,小超的学习为他带来了惊喜的结果。有一次,经理接到老板的命令,要把公司的产品销量再提高一个台阶。当时正处于经济萧条时期,这个任务对于任何一个人来说都相当困难。

经理一时也不知如何才好。小超主动请愿，提出愿意试试，并且保证一定会成功。小超知道这是个检验自身能力的机会，他相信自己的努力学习一定没有白费。就这样，他坚定地干了起来。几个月后，经过一番艰苦的努力，公司的产品终于在同行业中取得遥遥领先的地位。小超获胜了，当然也获得了应有的奖励——被提拔为副经理。

小超因为自己的不断学习，提升了自我的能力而使得自己赢得了升迁的机会。相比之下，下面这则事例中的小勇却因为自己的不思进取、故步自封而原地踏步。

小勇是某知名公司的一名员工，在公司待了很多年了，从工作经验上来讲他完全能胜任主管的职位，可是许多当初与他并肩作战的同事都一个个当上了主管、经理，而小勇却还留在原来的职位上。

他的公司也不是没有给他升职的机会，只是很多次当公司想送他去培训时，他都会找各种借口推掉。他总是认为凭借自己的工作经验，无需培训，培训对他来说就是浪费时间。

有一次，公司组织人员去国外接受新产品开发的学习，他认为如果去了国外耽误自己手头的工作怎么办？其他人会不会超过他，继而使自己又失去一次升迁的机会；而且在国外人生地不熟，他的一家老小都在这里，一个人在外难免牵肠挂肚不放心。就这样，他思考再三，放弃了外出学习的机会。一年之后，他听说一个当初各个方面都不如他的人被提拔做了分公司经理，小勇又气又恨，后悔自己当初目光短浅、不思进取，错失了一次大好的升职机会。

你想象小勇那样，一辈子在一个职位上干，到退休时仍然是个循规蹈矩的小职员吗？

能力的竞争其实就是学习能力的竞争，如果没有良好的学习能力，怕苦而放弃学习，就相当于没有一件克敌制胜的武器。就算是公司的三朝元老，就算是硕士、博士、海归，如果没有能做好工作，不能为公司创造更大的价值，也不可能在职场中占有一席之地。

【职场真理】

不要有“知识已经学完了，没有什么可学的”这样的想法，因为只要生活还在继续，工作还在持续，我们每天都能够学到新的知识，更为重要的是，这些新的知识会让我们把工作完成得更出色。

2

主动学习，变劣势为优势

在现代社会上，只有知识和能力，才是一个人成功的资本。

书籍是人类进步的阶梯。如果我们想通过学习来提高自己，就需要经常向书本学习，这是我们学到知识的一个重要途径。经常向书本学习的员工，能够通过读书学到很多以前没有接触过的知识，从而弥补自身在知识上的欠缺，让自己的能力和水平得到提高，从而把自身的劣势转变为优势，提高自身竞争力。

因为文化水平有限，年轻的齐瓦勃来到一个建筑工地打工。进入工地后，他白天很勤奋、踏实地工作，但是到了晚上，为了以后的发展他经常刻苦读书。一天晚上，齐瓦勃又像往常一样在角落里看书，正好被到工地检查工作的公司经理发现。经理看了看他手中的书，又翻开他的笔记本问：“你学这些东西干什么？”

齐瓦勃说：“我想我们公司并不缺少普通员工，缺少的是既有工作经验又有专业知识的技术人员或管理者。”

经理欣慰地点了点头。

不久，齐瓦勃就被提升为了技术员。后来，他又一步步升到了总工程师的职位。25岁时，齐瓦勃成为这家建筑公司的总经理。39岁时，齐瓦勃当上了美国钢铁公司的总经理，成为美国历史上第一个年薪百万美元的高级打工者。

齐瓦勃文化水平不高，所以开始时只能在建筑工地当普通工人。没有文化是他自身很明显的一个劣势，但是幸运的是，他通过主动顽强地学习，提升了自我的能力，为他取得了职业发展道路上一个又一个的成功。齐瓦勃的人生经历告诉我们：自身有缺陷并不可怕，只要你能主动学习，就完全可以变劣势为优势，从而改变自己的命运。

向书本学习，是一个人在很短时间内获得大量有用知识的一个捷径。这样主动的学习除了让你把自身的劣势转变为优势外，你还可以学以致用，把学到的内容应用到实际工作中去。

有调查显示：工作中用到的知识，只有20%是在大学里学到的，80%以上的知识需要在工作中获得。从中我们可以看出，仅仅掌握书本上的知识是远远不够的，我们还需要把这些知识升华为胜任工作的能力。随着行业的不断发展，知识的不断更新，我们学习的方式也应该跟着变得灵活多样起来。因此，我们除了向书本学习外，还要深入一线，向实践学习。

湖北省科技厅组织的“紧靠既有线隧道小间距快速安全爆破技术”鉴定会在武汉举行。专家鉴定会审定认为：该项成果发展了世界隧道爆破技术，达到了国际先进水平，有着广泛的推广应用价值。

令人想不到的是，主持这个创新科技成果的，竟是一名机械专业毕业的年轻技术人员。他的名字叫徐勇，现任十一局集团三公司襄渝二线项目部总工程师。

2000年，徐勇从长沙铁道学院机械专业毕业后被分配到中铁十一局三公司。当时，正值公司承担的西合铁路桃花铺隧道施工之际。对于从小生长在平原地区，没有学过工程施工的徐勇来说，一切都很新奇。

因为不懂，徐勇工作起来特别卖力：研究制定施工方案，他积极参与；对各种不懂的问题，他虚心请教；开挖掘进，他请缨参战；排难抢险，他奋勇当先。在一次隧道塌方抢险战斗中，徐勇连续奋战两天两夜都没合眼。其实，作为新分配过来的大学毕业生，徐勇根本就不用一直在一线，只要坐在办公室指挥就可以。

一起分来的同学对于徐勇“深入一线”的举动十分不理解，徐勇对此却不以为然。他说：“作为建筑企业的技术人员，应该尽快熟悉工程施工，不能仅仅满足于充当‘敲边鼓’的角色。课堂里学的是知识，只有经过实践的磨炼才能转化成能力。”徐勇终于没有辜负企业领导的期望，他参加的第一个项目就以100%的合格率和98%的优良率，顺利通过有关部门的验收。

十一局三公司的职工经过两年多时间的苦战，长达7700多米的桃花铺隧道胜利贯通，徐勇也在“隧道大学”里完成了他的隧道施工学业。

现在没有多少人能够做到像徐勇一样，扎根一线、深入实践，因为一线太苦、太累，所以就造成很多员工一讲起理论来头头是道，但一遇到实际问题又束手无策的尴尬局面。

向实践学习是员工提高自身工作能力的最好途径，不论员工身处什么岗位，只有经过实践锻炼，才可以成为对企业有用的人才。

徐勇的职场经历告诉我们：主动学习对一个人的成长和发展起重要的推动作用。人自身具有这样那样的不足并不可怕，只要能不断地学习，就完全可以把自身的劣势转化为优势，从而在自己所从事的领域里干出一番成绩来。

【职场真理】

在“知识经济”时代，知识更新换代很快，各种信息充斥着人们的头脑。如果我们不能做到勤于学习、善于学习，并且终身学习，就会丧失竞争优势。

3

好的专业精神才能带来好的工作品质

具有专业精神的人对工作有一种近乎疯狂的热爱，他们在工作的时候能够达到一种忘我的境界。

专业精神就是在专业技能的基础上发展起来的一种对工作极其热爱和投入的品质，具有专业精神的人对工作有一种近乎疯狂的热爱，他们在工作的时候能够达到一种忘我的境界。

喜剧大师周星驰，其电影以无厘头、轻松搞笑为特点，但是在电影的拍摄、制作过程中，周星驰却非常专业、严谨，从不以嘻嘻哈哈的态度来对待。

有记者问："很多剧组同仁都很怕你，你是否过于严肃？"

周星驰回答："我强调专业精神，要求很高，的确经常表现得很严肃，这可能是他们怕我的原因。"这一点实际上也是周星驰成为喜剧大师的根本原因。

专业精神对企业至关重要。《ENN》杂志编辑埃尔沙·克兰斯说："专业精神就是在专业技能的基础上发展起来的一种对工作极其热爱和投入的品质。"

专业精神分为硬软两个方面。硬的方面，是指在任何一个工作职位所必须履行的职业功能，软的方面包含了建立在前者基础之上的职业道德、职业操守和奉献精神。

在不同的领域，专业精神的表现形式或许会不一样。比如营销员的专业精神，就是指营销员能以营销为业，在工作中不思其他，能够对公司分配的任务做到义无反顾，不断训练自己推销的技巧，不断吸收新知，不管工作如何细小，只要对公司的销售有利，他都会全力以赴，即使在销售的过程中遇到了各种苦难和挫折，都能咬紧牙关，不断自我激励，即使内心呼喊着"不行了"、"不行了",也要坚持到底。而研发人员的专业精神,就是能够一心扑在研发的岗位上,即使有时候废寝忘食也不在乎,为解决一个技术上的难题而绞尽脑汁,同时还不断地学习新的知识,主动充电,自行提高业务能力。

专业精神是企业越来越青睐的品质。企业关注的是效益,企业考察员工的业绩也主要是看他能够为公司创造多少效益,而效益的取得直接由员工的专业精神决定。

企业需要有专业精神的员工,员工需要在工作中有专业精神!

专业精神意味着:对自己所从事的工作有着精深的学习与孜孜不倦的研究;方方面面的精益求精;在原有知识基础上不断地学习与创新,充满创造力;超越一般的技术水准;执著地追求顾客极高的满意度。

专业技能是专业精神的基础。如果把专业精神比作员工品质中的一座大厦,那么专业技能就是构筑这座大厦的根基。中央人民广播电台播音员的标准播音速度是每分钟 120 字,一般人的正常阅读速度是每分钟 200 字,受过专业训练的人的阅读速度是每分钟 300 字。如果一个受过专业训练的员工从事文字方面的工作,但是他的阅读速度还达不到普通人的速度,那么他明显缺乏专业精神。要想成为一个公司欣赏的有专业精神的员工,首先应该不断提高自己的专业技能。提高专业技能唯一的选择就是学习,并在实际的工作中不断实践。决定工作品质的就是员工的业务水平、专业技能,以及对本专业的投入程度。

专业精神更表现为一种对工作的态度。以服务业来说,很多人都把服务等价于专业技能,认为服务好的就是专业技能强的。以前许多人认为胡同门口杂货店老板快速拨动的五指算盘、旧报纸包杂货的熟练动作就是高质量的服务,现在许多人认为营业员快速敲动的电脑键盘、送货员送货上门的行为就是高质量的服务。但是,在这个过程中,他们的脸始终没有一点表情,他们甚至没有看过顾客一眼,这仅仅只能算是一次交易,而不是他们提供的一次服务。有一个社会学教授认为:服务就是 5% 的技术和 95% 的心理和态度,技术无论有怎样的影响力,也只是一个工具而已。

美国西南航空公司的服务水平一流,在运送行李、安全和准时这几个方面保持着最高纪录,这归功于 2 万个工作在航线上的充满激情的人,他们是机组人员、乘务人员、驾驶员、会计师和机械师。当记者问乘务主管科琳·巴雷特："你们招聘的原则是什么？"她立即答道："我们所要的是倾听、关心、微笑、说谢谢和热情，即优质的服务。"首席执政官赫布说："能开飞机的人很多，但是态度好、服务好的却不多。"真正的服务应该是一种专业态度，专业动作仅仅是服务的基础，动作加上态度才是服务的全部。全身心地投入到工作中去，这才算得上专业精神。

有些员工的业务水平、专业技能确实很高，但是他们在工作中缺乏专业精神。他们在工作中仅仅只是完成公司交代的工作，甚至经常心不在焉，他们的水平或者潜能往往才发挥三四成，这样的员工当然算不上有专业精神。具有专业精神的人，对自己的工作有强烈的热爱，会竭尽全力去把自己的工作做好。

在中国国家足球队里，郝海东的专业精神可谓感人至深。他不但踢球的技术好，而且他会为了整个队伍的胜利去拼、去抢，即使是受伤了也会支撑到不能支撑的那一刻。有些球队的球星却不然，他们的技术水平可能不低，但是要是在比赛中出场费稍低一点，他们就会耍脾气，在场上不尽力去拼抢。

深受大家喜爱和佩服的影星成龙，不仅功夫很高，而且据说无论多危险、多困难的镜头，他都不会用替身，完全通过自己的努力去克服，他的专业精神在演艺圈内非常有名。

球队里如此，演艺圈里如此，在一个公司里同样也如此。员工仅仅业务水平高还不行，最重要的是要用全部的热情、全部的责任心将这些水平运用到工作中去。专业精神强调对工作的付出精神，对工作的奉献精神。

【职场真理】

专业精神是对工作的一种炙热的喜爱。无论在工作中遇到什么样的困难，拥有强烈专业精神的员工都会严格要求自己把工作做好。

4

刻苦训练，积极提升自我的业务能力

做好自己的工作，不仅仅需要热情，同样需要过硬的业务技能。

在今天，企业不仅看重苦劳，更注重功劳。对于员工来说，唯有通过不断地学习，使自己的业务技能达到炉火纯青的程度才是硬道理。要想使自己的业务能力达到炉火纯青的程度，就必须在工作中追求精益求精。唯有这样，才能达到公司的用人要求，也才能为企业带来好业绩。

的确如此，一个人无论从事的是什么职业，我们都应当尽可能多地了解相关的知识，掌握必要的技能，成为工作方面的行家里手。

山西省“钳工状元”张华滨是由一名普通工人成长起来的“蓝领专家”，他是全国“五一”劳动奖章的获得者。

1969 年，初中毕业的张华滨被分配到汾西矿务局机修厂学钳工。张华滨的师傅是矿务局技术最好的钳工“大拿”，但他性子直，脾气犟，对徒弟们要求特别严。

师傅有个规矩，每天下班前都要拿着尺子对徒弟们干的活进行检验，合格走人，不合格重做。张华滨不仅埋头干活，还勤于思考。合格了，他要弄清楚为什么合格；不合格，二话不说重来，一次不行就干两次、三次，直到让师傅满意才罢手。

工作之余，别人抽烟、聊天、下棋，他还在费心琢磨。下班回家后，他忙着补习钳工所需的绘图、三角函数等基础知识。就这样，几年下来，师傅认可了他，他干的活成为师傅的“免检产品”，他也成为同时学艺的徒弟中第一个出师的人。

1982 年，张华滨被调到洗煤厂机修车间当钳工。学徒时养成的过细的“习惯”一直伴随着他，他很快就成为厂里厂外闻名的钳工“大拿”。

一次，加工制作一批洗煤机链板，他根据质量标准和加工件数量、流程，先制作了七八套专用工具，然后对每道工序进行了工时测试，时间精确到秒，质量误差精确到微米，加工出的链板件件为“优质”。

但张华滨并没有满足于已取得的成绩而停滞不前。干钳工39年来，他每天晚上睡觉前，都要躺在床上，反思当天的工作，找出差距和不足，分析第二天能否做得更好。

就是这样，他坚持把每天的工作都当做一本精彩的书一样去精研细读，把每一个工件、每一次检修都当做艺术品一样去精雕细琢。

“二十多年来，经他制作加工过的10多万件工件，件件称得上是精品”，车间领导这样评价他。这是领导对张华滨长期在工作中追求精益求精的最好的评价，也是最高、最有力的褒扬。

在工作中，如果你想成为某一领域的专家，就得学会严格要求自己，下苦工夫去学习，提高自己，当你工夫下到一定程度时，造诣就有了，这时你的水平自然而然就上去了。这也是人追求精益求精，努力带来好业绩的一个过程。如果你能一直这么做，相信工作中就没有什么事情可以难倒你了。

王品盛是四川东风电机厂有限公司焊接分厂冷作车间的一位普通工人。他勤勤恳恳，爱岗敬业，三十年如一日，在平凡的工作岗位上辛勤耕耘，做出了不平凡的业绩。

2000～2003年的4年间，他加班加点完成定额工时31557个小时，相当于14年的工作量，无论产品技术难度高低，无论生产周期长短，他都严格按要求以确保质量和进度，他经手的产品一次检查合格率始终都保持在99%以上。

2001年3月，公司接到出口德国沃尔沃公司的工程机械产品——稳定架的订单：该产品技术要求非常高，为此，公司专门成立了由各工种组成的技术攻关小组，王品盛以其精湛的技术和突出的表现被任命为组长。稳定架焊缝多且集中，焊接变形是最大的难题，其中一些部件要求不经机械加工，表面不平度不超过0.5mm，加工出来的孔同轴度必须控制在误差0.01mm以内。这对公司装配与焊接技术都提出了严峻挑战，这样的技术要求，几乎是冷作工无法逾越的高难度。10多天时间里王品盛带着攻关小组分析研究图纸上百遍，无数次探讨装配方法和步骤，尽量把可预见的问题考虑周全、确保万无一失。当他们采用手工加“反变形”及“火焰校形”等技术手段，生产出完全满足图纸和工艺要求的产品时，虽然熬红了眼睛、瘦了一大圈，但王品盛终于露出了满意的笑容。此后，王品盛一鼓作气，带领攻关小组相继攻克了前后机架、动臂等装配难关。随后，产品开始批量生产，王品盛及其攻关小组创下月生产50台稳定架的纪录，确保了生产周期和质量。负责接件验收的德国沃尔沃公司工程技术人员竖起大拇指连声称赞：“你们做得最好！”

作为一名普通的工人，王品盛在面临极大困难和挑战的情况下，能顺利完成工作任务，主要原因在于他在工作上追求精益求精，严把产品质量关，所以产品最后才能验收合格，得到外籍专家的肯定和赞许。

精益求精，带来好业绩，许多员工就是因为做事不精益求精，只求差不多，尽管从表现上看，他们也很努力，辛勤地工作着，但是他们工作的结果却总是无法令人满意。

我们在工作中，就不要做这样的员工，我们得时刻在心中告诉自己：只有精益求精，才能带来好业绩。人只有在工作中不断对自己提出更高的要求，才能把工作做得越来越好，才能让自己不断取得进步。而人只有在工作中舍得付出，追求精益求精，才能得到工作的回报——为自己、为公司带来好业绩。

【职场真理】

我们业务能力的高低直接决定了工作成效。要想创造出更为优异的业绩，我们就必须不断地学习、提升业务能力。

5

不断总结经验，同样的错不能犯两次

在工作中不断反省，善于总结经验，才能得到不断地进步与发展。

人谁能无过呢？所以在职场中出现了错误也是不可避免的，那并不“丢人”，真正“丢人”的是在同一个问题上“跌”倒两次的人，而这是优秀员工的大忌之一。“吃一堑长一智”才是优秀员工应该具备的态度和行为。

要知道如果你在同一件事情上犯两次错误，会被老板和上司认为毫无学习能力，这样不仅会影响对你的客观评价，而且还会让好不容易得到的机会跑掉。那么怎样才能在职场中不掉进同一个“陷阱”里面呢？

(1)承认错误

这第一步乍一看可能会觉得可笑，但这并不是什么冷笑话，而是事实。

试想如果你不接受自己的错误，又怎么会改正自己的错误呢？那样的话，不就是一而再，再而三的犯同样的错误吗？所以不推卸责任，不隐瞒错误和失败，认清自己的缺点和不足是不犯第二次错的根本。就如同下面这个例子一般：

美国亨利食品加工工业公司总经理亨利·霍金斯先生突然从化验室的报告单上发现，他们生产食品的配方中，起保险作用的添加剂有毒，虽然毒性不大，但长期服用对身体有害。如果不用添加剂，则又会影响食品的鲜度。

对此亨利·霍金斯再三考虑，他认为应该以诚对待顾客，于是就毅然打算把这一件有损销量的事情告诉每位顾客，于是他当即向社会宣布，防腐剂有毒，对身体有害。

这一下，霍金斯面对了很大的压力，食品销路锐减不说，所有从事食品加工的老板都联合起来，用一切手段向他反扑，指责他别有用心，打击别人，抬高自己，他们一起抵制亨利公司的产品，亨利公司一下子跌到了濒临倒闭的边缘。

在苦苦挣扎了4年之后，亨利·霍金斯已经倾家荡产，但他的名声却家喻户晓。这时候，政府站出来支持霍金斯了，亨利公司的产品又成了人们放心满意的热门货。

亨利公司在很短的时间里便恢复了元气，规模扩大了两倍，而且亨利·霍金斯一举登上了美国食品加工业的头把椅子。

只有勇敢地承认错误，才能改正错误，而且只有这样才能赢得他人的再次信任，如果你只是一味地推卸责任，人们就会认为这个人不值得信任，这样一来，你将永远没有再来一次的机会。所以，勇敢地承认错误，承认失败，是改正自己、完善自己的基础，是得到再来一次机会的基本，是赢得成功的必要途径。

(2)反省自己

反省自己，反省自己的错误在哪里，为什么会犯这样的错误，这是在得到下一次机会前必须要做好的准备工作，因为只有充分反省好了自己，才能真正地在下一次不犯同样的错误，不会掉进同一个洞里面，这里就有一个很好的事例：

高露洁公司总裁立特先生曾经是一位香皂推销员，他在推销过程中，常主动要求人家给他批评。当他开始在高露洁推销香皂时，订单接得很少。他担心会失业，他确信产品或价格都没有问题，所以问题一定出在他自己身上。所以每当他推销失败的时候，他都会主动询问商家："我不是单纯来卖香皂的，我希望能得到您的批评和指正。请您告诉我，我刚才什么地方做错了？您的经验比我丰富，事业又成功。请给我一点指正，直言无妨，请不必保留。"就是因为他的这个态度为他赢得许多友谊，以及珍贵的忠告，也为他日后的飞黄腾达奠定了坚实的基础。

故事中，高露洁公司总裁立特先生反省了自己，并且通过他人的帮助更加了解了自己工作的不足，这是他获得成功的重要方法，而这也是优秀员工需要学习的地方。

反省自己，从自己以往的工作中寻找自己的缺点和不足，是非常有效的完善自己的一种方式，同时也是能够提高自己能力的一种重要方式，这也为不犯下同一个错误奠定了基础。而反省自己的最好方式，除了自省之外，就是听取他人的意见。

听取他人的意见，尤其是前辈和同事的意见极其重要，因为这些意见和建议都是能够帮助自己认识自己的绝妙机会。

可是在职场中有些人对这些意见置若罔闻，或者认为他还不如自己，凭什么听他的？如果你有这样的想法，希望你能够从此时开始加以改正，因为你在浪费完善自我、提高自己能力的机会。

(3)勇于接受第二次的机会

有这样一则古谚："一朝被蛇咬，十年怕井绳。"有些人因为自己曾经的失败，而变得胆小、恐惧，从此就失去了再次挑战的勇气，就如同下面故事中的主人公一样：

小丁是一国有企业的员工，薪水虽谈不上丰厚，生活却也舒适、安定。一次，小丁在与昔日的同学聚会时，看到他们个个腰缠万贯，不由得眼热心跳。但小丁一直是个传统保守的人，画饼已久，最终耐不住饥饿，最后踏上了南下的列车。

遗憾的是，由于缺乏经验，小丁一开始做生意便赔了一万多元。他后悔莫及，趁机收手回单位了。闲时，小丁满腹牢骚，偶闻到某人做生意破产便精神大振，并自我解嘲："好在我收手快，只赔了一万多。"

于是，小丁依旧悠然自得，烟酒度日。虽然还常为一万多元打了水漂心痛不已，碰到熟人仍不免心里发酸，但他自此一提起自个儿单打独闯地做生意就心里直发怵，再也不敢做冒险之想了。

失败、挫折对于每个人而言都不是美好的回忆，所以会恐惧，会难过、消极，是可以理解的，但是如果不改变，不再挑战下一次，那这个回忆就永远也不会改变，你愿意你自己一直是一个失败的人吗？你愿意如此轻易地认输吗？

所以，不要恐惧，鼓起勇气再次挑战吧，这才是优秀员工的选择，因为这一次，你拥有了上次没有的"法宝"——经验，充分利用它，然后赢得最后的成功吧！

(4)改进再改进

有一个人向一位艺人请教用鼻子顶盘子的技巧，艺人说：

“当年我也是摔坏了近百个盘子才学会的。”

那人听后回去一下子买了满满一橱子的盘子，然后一鼓作气，埋头苦练，用两天的时间将盘子全部摔坏，然后，他鼻青脸肿、满心狐疑地去问艺人：“我已摔坏了近两百个盘子，为什么还没学会？”

艺人说：“我在那每一个摔坏的盘子中找到了平衡的技巧。你呢？”

听到此话，那人终于领悟了，然后羞愧满面。

是的，摔坏盘子并不是目的，而是一种不可避免的代价。至于这种代价能否转变为期望的效果，能否“毁有所值”，就要看你的悟性了。

有人说：“工作就是带薪学习”这话非常有道理，所以不要小瞧每日的工作，不抱怨、认真地对待它们，你就能够故事中的那位艺人一样不断累积经验，创造“毁”的价值，然后这一切会使你成为工作中的佼佼者。重点就是，你要保持一颗平常心，在工作中不断地积累再积累，改进再改进。

工作中，难免犯错，但是面对错误有几种选择：一是逃避责任，二是承担起仅仅这次的责任，而第三种是不仅承担起责任，还会把这个错误认真地研究，从而使自己再也不掉进同一个坑。试想，如果你是老板的话，你会重用哪一种员工呢？

【职场真理】

作为优秀的员工，不仅不要逃避错误，还应当学会总结经验教训，努力把这个“丢脸”的错误变成“长脸”的成功。

6

让自己成为不可替代的人物

要想不被公司、社会淘汰就要努力地使自己成为公司内不可或缺的人。

在现今竞争激烈的职场环境中，只有成为职场中的精英，才不会被公司淘汰。那么，你就要认真思考一下公司需要什么样的人才，然后通过自己的学习和努力成为这样的人才，做一个公司里不可缺少的人。可是，怎样才能成为不可代替的人呢？

社会在进步，使得职位对于员工的要求也在增加。要想不被社会淘汰，就必须时时刻刻告诫自己，要挑战自己，超越自己。可是很多人都曾经试过要挑战自己，超越自己，为什么最终没有全部成功呢？少了一个先决条件：执著。因为只有执著于某一件事情才能挑战自己，超越自己。

那么要想通过执著来挑战自己，超越自己，要做些什么呢？

(1)坚定自己的信心，挑战自己的"不可能"

在很多人心目中，都有一道难以跨越的名为"不可能"的坎，那么这些"不可能"是不是真的不能跨越呢？答案是"否"。只要你执著于某件事情，并且坚定信心，你就能挑战自己的"不可能"，成功地跨越这道坎。

如果你不相信，就看看克尔的故事：

克尔曾经是一家报社的职员。他刚到报社当广告业务员时，对自己充满了信心。他甚至向经理提出不要薪水，只按广告费抽取佣金，经理答应了他的要求。

开始工作后，他列出一份名单，准备去拜访一些特别而重要的客户，公司其他业务员都认为想要争取这些客户，简直是天方夜谭。在拜访这些客户前，克尔把自己关在屋里，站在镜子前，把名单上的客户念了10遍，然后对自己说："在本月之前，你们将向我购买广告版面。”

之后,他怀着坚定的信心去拜访客户。第一天,他以自己的努力和智慧与20个“不可能”的客户中的3个谈成了交易;在第一个月的其余几天,他又成交了两笔交易;到第一个月的月底,20个客户只有一个还不买他的广告。

尽管取得了令人意想不到的成绩,但克尔依然锲而不舍,坚持要把最后一个客户也争取过来。第二个月,克尔没有去发掘新客户,每天早晨,那个拒绝买他广告的客户的商店一开门,他就进去劝说这个商人做广告。而每天早上,这位商人都回答说:“不!”每一次克尔都假装没听见,然后继续前去拜访。到那个月的最后一天,对克尔已经连着说了数天“不”的商人口气缓和了些:“你已经浪费了一个月的时间来请求我买你的广告了,我现在想知道的是,你为何要做这件几乎不可能做到的事。”

克尔说:“我并没浪费时间,我在上学,而你就是我的老师,我一直在训练自己在逆境中的坚持精神。”那位商人点点头,接着克尔的话说:“我也要向你承认,我也等于在上学,而你就是我的老师。你已经教会了我主动接受挑战这一课,对我来说,这比金钱更有价值,为了向你表示我的感激,我要买一个广告版面,当作我付给你的学费。”

由此可见,很多时候“不可能”的坎是自己给自己设置的,只有坚定自己的信心,才能跨越这道坎,才能真正挑战自己,超越自己。

(2)培养自己的耐心,再坚持一下

只要你细心观察就会发现这样一个现象:如果一个人不喜欢这份工作,他就不会耐心去做这份工作,在遇到挫折的时候,也不会坚持下去。由此可以推出这样一个结论:如果你能执著于某事,那么你就会有足够的耐心让自己再坚持一下,说不定就是这一小会儿的坚持,成功就能如约而至。

黛比是美国一个普通工人家庭的女孩。她13岁时就依照巧克力食品包装袋上的制作方法焙制甜饼。

结婚后不久,她想开一家甜饼专卖店。她拜访了许多精明能干的老板,询问他们的建议。但他们的意见如出一辙:“放弃这念头吧，人们的嘴巴已经被甜饼塞满啦！”她的丈夫倒很支持她，但他也担心会失败。

黛比还是坚持在1977年8月开张了她的“菲尔兹太太甜饼店”。第一天，她在店里站了一上午，一个甜饼也没卖出去。她丈夫曾和她打赌，认为她这天一下来，绝对赚不到50美元。看来她是输定了，但永不放弃的决心使她坚持了下来。

站在店里等不到顾客，她便将一叠甜饼放在托盘上，在大街上来回奔走，免费赠送。甜饼免费送完了，黛比便回到店里，继续烘烤甜饼。而这时开始有顾客上门了。她认出这些顾客就是刚才在街上免费吃甜饼的人……

这天结束时，她点点钞票，足足赚了50美元。到1983年，菲尔兹甜饼业已有资产3000万美元，共有160家分店，分布在美国17个州，以及香港、东京、新加坡、悉尼等地。

很多人并不是缺少成功的机会，而是缺少等待成功的坚持和耐心。如果你真的喜欢这份工作，就不妨耐心一点，坚持一下，成功应该就会离你不远了。

(3)将奋斗进行到底

如果你在某些方面有所成就，你肯定会为之奋斗。但是为什么有的人总是在短暂的奋斗之后就放弃了呢？原因还是他没有执著于这个方面，一遇到挫折就匆匆投降，这样的人怎么能取得成功呢？相反，唯有那些真正执著于某事，并能够将奋斗进行到底的人才能真正获得成功。

约翰尼·卡许早就有一个梦想——当一名歌手。上大学时，他买到了自己有生以来第一把吉他。他开始自学弹吉他，并练习唱歌，他甚至自己创作了一些歌曲。毕业后，他开始努力工作以实现当一名歌手的夙愿，可他没能马上成功。没人请他唱歌，就连电台唱片音乐节目广播员的职位也没能得到。他只得靠挨户推销各种生活用品维持生计，不过他还是坚持练唱。

他组织了一个小型的歌唱小组，在各个教堂、小镇上巡回演出，为歌迷们演唱。最后，他灌制的一张唱片奠定了他音乐工作的基础。他吸引了两万名以上的歌迷。金钱、荣誉、在全国电视屏幕上露面——所有这一切都属于他了。他对自己坚信不疑，这使他获得成功。

然而，卡许又接着经受了第二次考验。经过几年的巡回演出，他被那些狂热的歌迷拖垮了，晚上须服安眠药才能入睡，而且还要吃些“兴奋剂”来维持第二天的精神状态。他开始沾染上一些恶习——酗酒、服用催眠镇静药和刺激兴奋性药物。他的恶习日渐严重，以致对自己失去了控制能力。接下来他不是出现在舞台上而是更多地出现在监狱里了。

一天早晨，当他从佐治亚州的一所监狱刑满出狱时，一位行政司法长官对他说：“约翰尼·卡许，我今天要把你的钱和麻醉药都还给你，因为你比别人更明白你能充分自由地选择自己想干的事。看，这就是你的钱和药片，你现在就把这些药片扔掉吧，否则，你就去麻醉自己，毁灭自己，你选择吧！”

卡许选择了生活。

他又一次对自己的能力作了肯定，深信自己能再次成功。他回到纳什维利，并找到他的私人医生。医生不太相信他，认为他很难改掉吃麻醉药的坏毛病，医生告诉他：“戒毒瘾比找上帝还难。”

卡许并没有被医生的迷信吓倒，他知道“上帝”就在他心中，他决心“找到上帝”，尽管在别人看来几乎不可能。

他开始了第二次奋斗。他把自己锁在卧室闭门不出，一心一意要根绝毒瘾，为此他忍受了巨大的痛苦，经常做噩梦。

后来在回忆这段往事时，他说，他总是昏昏沉沉，好像身体里有许多玻璃球在膨胀，突然一声爆响，只觉得全身布满了玻璃碎片。当时摆在他面前的，一边是麻醉药的引诱，另一边是他奋斗目标的召唤，结果他的信念占了上风。

九个星期以后，他又恢复到原来的样子了，睡觉不再做恶梦。他努力实现自己的计划。几个月后，他重返舞台，再次引吭高歌。他不停息地奋斗，终于又一次成为超级歌星。

很多时候，我们不是缺少奋斗，而是缺少将奋斗进行到底的执著。

总而言之，只有你真正执著于你的工作，你才会想尽办法去挑战自己，超越自己，完善自己，尽心尽责地完成工作。

【职场真理】

能力就是竞争力，我们只有不停地学习，不断地挑战自我，才能使我们个人的能力得以提升，才有能力把工作做得更好。

第八章　吃苦耐劳，做永远忠诚于企业的员工

没有企业的成功就没有个人的成功。忠诚于企业，其实是对个人理想与价值的忠诚。要想成为职场中的精英，获得职场上的成功。就必须弘扬吃苦耐劳的精神，永远忠诚于所在的企业，把企业的事当成自己的事去做。

1

拒绝抱怨，永远忠诚

忠诚于公司，其实是对自我人生理想和价值的忠诚。

“个人价值”、“个人理想”，这些是现在人们在职场中经常使用的词汇，同时也是现代人们的追求。在现在的职场上，很多人都没有认识到，其实个人所追求的价值或理想，与对公司的忠诚和利益并不是矛盾的，反而是相辅相成的。

忠诚于公司，在某种意义上，就是忠诚于自己的理想和价值，忠诚于自己的事业，以不同的方式为一项事业做出贡献。看到此，有人会说，这是片面之词，根本不足为信。真是如此吗？在这儿我们不妨先看一个事例：

联想集团的CEO杨元庆，现在身价年薪数千万元，甚至更高，但是在刚毕业的那几年，由于同学出国的出国、提干的提干，反观自己所在的联想公司，仅仅是一家集体企业，在市场上也不十分有名，这让杨元庆非常迷茫，他甚至也动了出国的念头。在柳传志的竭力劝说下，他才决定安心地留在联想公司。

在当时，联想电脑并不像现在这样有名，甚至在中国市场中的排名也仅仅是在十名开外。被柳传志任命掌管联想微机事业部的重任，而留在了联想公司的杨元庆在接受了职位后，就带领事业部的员工，开始改造销售体系，推出适合市场需要的产品，并且以价格开路，使得联想公司的电脑迅速成长为中国计算机市场的第一品牌，而且在2005年，由于收购IBM的电脑业务，联想纵身成为了一家全球性的跨国企业。

随着联想的成长，杨元庆也同步成长着，此时不论是“江湖”地位，还是收入，都是他以前的同学所不能比的。

在上面的例子中，可以明显地发现联想公司和杨元庆的关系是一种水涨船高的关系。随着联想公司的发展，杨元庆的身价也在飙升，这也就非常清楚地反应出了公司和员工之间的关系。

当公司发展良好的时候，身处其中的员工就能够获得更多的收益。只要大家努力使公司获得更大的业绩，员工肯定能够从中获益，这两者之间明显是一种相互促进、相互成就的关系。因此，可以得出这样的结论：忠于公司，其实就是忠于自己。

除了忠于公司之外，优秀的员工还要忠诚于自己的老板。

曾经有一本书中提到过：“企业是员工的保护伞，只有企业全体员工共同努力，才能撑起这把伞，让这把伞挡风遮雨。员工如果三心二意，不但伞不能起到保护的目的，还会让伞千疮百孔，一段时间之内，大家都会被风吹雨打。”

所以为了打好这把伞，首先要做的就是学会用忠诚的态度面对老板，要知道，这个世界上不存在没有老板的公司。

如果你忠诚地对待你的老板，他也会真诚对待你。不管你的能力如何，只要你真正表现出对公司和对老板的足够忠诚，你就能赢得老板的信赖和获得成功的机会，而且对于忠诚的你，老板也会更乐意在你身上投资，给予你充分的培训机会，提高你的技能，因为在他的眼里你是值得他信赖和培养的优秀员工，就如下面的故事一样。

小魏和老板同游澳大利亚，在遍游了风景，遍尝了海鲜之后，他在阳光明媚的海滩晒着日光浴，回首往事，感慨万千，老板禁不住热泪盈眶。

此时他忽然转头问身边的小魏：“老弟，你知道当初公司状况不好的时候，我为什么能支撑下来吗？”

小魏听完认真地回答：“因为你是打不垮的！如果不是相信这样，我也不会留下来的。”

老板摇了摇头说：“不，并不是这样的。你知道吗？其实当人们纷纷离我而去的时候，我就想关门了。我从不怀疑自己的能力，但我当时真的已经相信‘谋事在人，成事在天’的说法了。可是，是你让我又找回了信心，我想只要有一个人留下，就证明我还有希望，反正我已经一无所有了。所以感谢你！在我想躺下的时候，有你这双忠诚的手在拽着我走。我知道，当时如果你也走了，我肯定就会完全崩溃了！”

为了感激小魏在黑暗的日子里带给他的光明、希望和勇气，老板给了他公司48%的股份。

故事中，由于小魏的忠诚感动了老板，在公司状况好转之后，老板就回报于小魏的忠诚。因此，优秀的员工一定要忠诚于老板，这样才能得到回报，因为收受之前先给予是世界的规则之一，你不可能期望先获得丰厚的报酬，然后才决定是否给予回报。

就像一个古老的传说一般：一位口渴难耐的旅行者来到沙漠中的一口井前。井壁上贴有一张便条，向路人说明附近埋了一个水瓮，可以用来引水。便条上写着：收受之前先付出。于是，摆在旅行者面前有两种选择：喝掉瓮里的水，或者用少量储存的水汲引更多冰凉而纯净之水。

所有的事情都一样：没有付出就没有回报。所以，在抱怨公司待遇不合心意的时候，也许你该反思一下，自己是不是对公司有足够的忠诚，是不是为它创造了更多的利益？只有在你为公司和老板创造更多的利益之后，公司和老板才会回报给你更多的利益。

在现实生活中，每个人都不是完美的，所以也许你的老板会一直怀疑你的忠心，猜测你别有用心，在这种情况下你也不必对他怀恨在心，只要一如既往地做好自己的本职工作就可以了，因为若是你因此而和他对着干，最后吃亏的还是你自己，既然这样的话，为什么还去做这种吃力不讨好的事情呢？所以此时，你只要专注于提高自己的工作能力和工作经验，成为一个有风度的人就好了。

【职场真理】

忠诚于企业，就是承担起工作赋予我们的责任与使命，积极主动地把自己的工作和跟公司有关的工作做好。

2

始终记住：我就是企业的主人

优秀员工从来不把自己当成一个打工者，而是把自己当成企业的主人。

员工的主人翁精神直接决定企业的竞争力。因为如果每一个人都有主人翁精神，都把公司的事情当作自己的事来做，公司无形当中会形成很大的竞争力。大家会把所有可能的成本，包括讯息的成本、合约的成本、监督的成本、实施的成本，大幅度地降低，还可以把一个人的潜能大幅度地提高。只要你有主人翁精神，你就会认为自己在做一件很有价值的事情。

很多员工都有这样的想法：公司是老板的，又不是我的，我凭什么要以主人翁的心态来对待企业。在过去相当漫长的年代里，“主人翁精神”被严重曲解，被完全等同于“无私奉献精神”，甚至有浓厚的“为了集体，牺牲个人”的意味在里面。说白了，人们的疑问其实就是：“为了公司牺牲个人，你值得吗？”

不过，在这儿要说的是，如果你用主人翁的心态来对待企业，企业将会给你巨大的回报。

董明珠，一位中国家电行业的风云人物，一位风口浪尖的商海女性。14 年的时间，她从一名最基层的销售人员成长为当今中国最大的空调企业——珠海格力电器股份有限公司总经理。

她是一位有着传奇色彩的市场营销高手，从 1995 年至今，她领导的格力电器连续 9 年销量和销售收入、市场占有率居全国同行业之首，纳税超过 25 亿元。其独创的区域销售公司模式，被经济界和理论界誉为“二十一世纪经济领域的全新革命”。格力电器公司连续 3 年入选美国《财富》杂志评选的“中国上市公司 100 强”，并被国际最负盛名的投资银行——瑞士信贷第一波士顿评为“中国最具投资价值的 12 家上市公司”之一。她撰写的记录自己营销道路的自传《棋行天下》，引起业界轰动，并被中央电视台改编为黄金强档连续剧。

她在《棋行天下》一开始就讲，当她被公司派到安徽去做销售员的时候，所碰到的第一件事情是，她面临前任销售人员所留下来的一笔欠款。本来她也可以不去理会这笔欠款，重新开拓属于自己的业绩，但她还是决定要把欠款收回来。这就是我们常常讲的主人翁精神，是一个杰出员工所具有的天然禀赋，具有这种精神的人，她的个人利益和公司利益是一致的。

董明珠就是这样的人，她在紧要关头选择了一件看似比较难，却是非常正确的事情。如果当初她不去讨这个债，公司也不会怪她，因为这不是她所造成的。可是在这个关头，她选择了去解决她前任所留下来的问题，而这样的一个念头，就展开了她作为一个职业经理人非常杰出的旅程，虽然这条道路是困难的，但这条道路却是一直往上提升的。

她用很大的篇幅描述了在她讨债的四十几天中痛苦的过程，这让她下定决心，以后不要再经历这种过程，所以后来她就采用了“现金交易”的方式。这是跟以前完全不一样的做法，所以她遇到了很大的阻力。虽然这样做的困难很大，可是她认为这是她可以克服掌握的，两相比较，她认为收现金反而是属于积极的困难，是属于“甜蜜的负担”；而跟人要债是令人很沮丧的事情，是属于很消极的困难。

要采用现金交易的方式，就要想办法去克服这个困难，她没有退路，所以她会主动积极地把以前计划经济那种“我生产出来就有人帮我卖掉”，这种以“卖方”为主导的做法，转换成市场经济以“买方”为主导的做法。她除了会积极拜访她的经销商之外，还和经销商一起站店面，把她的第一张订单卖掉，让经销商可以感受到她的诚意。她服务的热忱和踏实的做法，终于一步一步地在安徽打响了她人生的第一仗，她不但帮公司获得了很坚实的销售业绩，也使她在经销商圈子里获得了很好的口碑。

后来证明她的这种做法是很有长远性的。

“经过40天的斗智斗勇，终于追回了属于我们的货物。货装上了车后，我从车窗探出头，噙着泪水冲他大叫一声从今往后，再也不和你做生意了！”

后来的一件事情也证明了她做事业、做生意的眼光，公司在广州的营销部门，被集体挖走了，并且对方还要以年薪百万的收入来诱惑她加盟，但她拒绝了这种诱惑，接受公司的派遣，到广州做营销主管。因为是领薪水，不拿提成，反而收入比以前还低了一些，可是她很乐意接受这样的一个挑战。这也可以给现在那些以短期利益为导向的年轻人一些启发，你会发现，当初跳槽的人可能现在都不知道在哪里了，可是董明珠现在是格力的总经理。

一个拥有主人翁精神的人，并不仅仅是让自己成为企业的主人，而是让自己时刻与公司血肉相连、心灵相通、命运相系，用这样的心态和信念去做好每一件事情，去面对每一个客户，在你每一个成功或者失败的经验里面，渗透出企业以及你个人这种共同的精神气质。

做公司的主人，最重要的就是要在行动中体现，从我做起，从现在做起，把自己当成老板一样去思考公司的事情，想一想怎样才能发挥自己最大的能量，当好这个家，做到为人不骄、处事不躁、处外不卑、主内不亢，像关爱自己的家一样去关心公司的经营和发展。

确实，当我们以主人翁的心态对待公司，把公司看成是自己的，这样，在公司出现问题或是选择发展方向的时候，你就不会置身事外，因为“公司就是你的”这句话已经深深烙在了你的心里，你知道如果公司兴旺，你才会得到更多，而如果公司发展不好，你可能会失去这份工作。

小王是一家公司宣传部的助理，刚进公司一个多月，大概了解了公司宣传方面的工作。

一天，经理让她去做一个市场调查，看看公司新上市的化妆品卖得怎么样，消费者是如何评价的。小王先来到本市最大的一家商场，在化妆品专柜，她看到自己公司的新产品，几乎无人问津。看到这些，小王心里很不舒服。她看见有位顾客似乎自己拿不定主意，在每个柜台前都看一会儿，在自己公司的专柜前，小王主动询问这位顾客需要什么样的化妆品，了解到顾客需要的功效，正是这批化妆品的功效，小王凭着一个多月来对这种产品的了解，向顾客详细介绍了产品的功效，她自己也没有想到，平时寡言的自己会有这么多的话说。她的“激情演说”吸引了越来越多的顾客。大家都对这个新上市的化妆品充满兴趣。最终，这天的销售额是该产品上市以来最高的。

总经理听商场经理讲了这件事，决定对小王进行奖励。当他问小王为什么会“勇敢”地走过去，向顾客推销新产品时，小王说：“看到咱们的产品几乎没有人过去问，我很着急，我是公司的员工，就是公司的主人，公司的事情义不容辞。”

不久之后，小王就晋升为另一个区域的宣传经理了。

主人翁心态能激发一个人的能量。主人翁心态在工作中是非常重要的。如果每一个人都有主人翁心态，把公司的事当成自己的事来做，公司会拥有强大的无形财产。

作为企业大家庭中的一员，不管你是否才华横溢、能力出众，只要你渴望晋升，渴望担当大任，渴望获得更为广阔的发展平台，就要以忠诚，以企业主人的态度来争取。当你以公司主人的身份工作，将全部身心彻底融入公司的事务中，激发自己的能量，处处为公司着想，作出自己的成绩，那么你晋升是早晚的事。更重要的是，你永远不用担心失业，因为只有主人舍弃家，没有哪个家会抛弃主人。

【职场真理】

当我们用主人翁的心态面对工作时，工作态度便会改变，就会时刻以老板的角度思考问题，要求自己把工作做得更好。

3

约束自我，融入到团队之中

现今是依靠团队制胜的时代，只有拒绝个人英雄主义，积极主动地融入到团队之中，我们才能更快更好地把事做好。

也许武侠小说中的“独行侠”很是潇洒、威风，但是在职场之中却完全相反。作为一名员工，在工作中你绝对不能当“独行侠”，不能成为“孤单英雄”，因为这会严重影响你在职场中的工作和人际关系。那些优秀员工从来不会如此，他们总是能自觉地约束自我，积极地融入到团队之中。

有人也许会产生疑问，“个人行动”真的会影响自己的职场生涯吗？答案是肯定的。下面通过一个实例告诉你为什么优秀的员工不能成为“独行侠”：

贾明进入公司不久，同事们就发现由于他在学校时就是班上优等生，所以在进入工作环境后，常常恃才傲物，个性强硬，从不服输。

而与他一起进入公司工作的小崔就与他完全不同。

虽然小崔和贾明一样非常优秀，然而在工作不久，他就通过观察工作环境，发现身边的人都很朴实地工作，而上司又是个善于妒嫉的人，于是他就聪明地收敛光芒，像周围的人一样开始朴实地工作，甚至连喜欢抽烟的毛病也因办公室无人抽烟而戒掉了。除此之外，他还主动热情地和同事打交道，于是很快就赢得了同事和上司的喜欢。

就这样，到年终评选优秀员工的奖励大会上，由于小崔的工作出色和同事的支持，他受到了表彰，而贾明虽然也非常努力地工作，甚至工作成绩比小崔还好，可是由于他平日的表现太过高傲，惹恼了不少同事，所以经常有人在背地里他的坏话，再加上上司也不喜欢他的表现等等，总之在评选大会上他一票也没得到，甚至连他的第一名的业绩也没受到表彰。

看到这样的状况，贾明认为自己在这里不受重视，感觉英雄无用武之地，因此马上辞职而去。但是在离开这家公司后，他走了几个地方，却依旧没有找到满意的工作，他为此深感懊恼。

故事中的贾明虽然拥有能力，但是缺少团队精神，他不仅没有与周围的同事进行交流，还总是以自己为中心，从自己的利益出发，而全然不在乎他人的看法和做法。像他这样的人，早就不能在现在的职场中如鱼得水地生存了，更别说升职加薪了。

所以，优秀的员工不要成为“独行侠”，要把自己放低，要把自己融入到公司之中，融入到团队之中，因为只有这样才不会影响人际关系。职场中，只有人际关系和谐了，才能更好地工作，你才能有机会创造和挑战更好的业绩和职位。

某一日，有位教士找到神说：“为什么很多人都不愿意去地狱，而要去天堂呢？天堂和地狱之间到底有什么区别呢？”

神听后点点头，不无感慨地说：“这个吗？我也不便言传，还是带你亲自看看地狱和天堂之间的区别吧。”

神带着教士首先来到地狱。

教士发现地狱的中心摆着一口煮食的大锅，周围坐满了人。但个个面黄肌瘦，愁眉不展。教士纳闷：“这些人为啥守着锅里的饭不吃呢？”

于是教士又细心地察看了一番，这时他才发现，原来每个人手里都握着一只长柄的勺子，但是因为勺柄过长无法将汤羹送到自己嘴里，大家只得苦着脸眼睁睁地挨饿。

看完了地狱，神又带着教士走进天堂。

天堂里跟地狱里一样，中心放着一口煮食的大锅，而且锅的周围也坐满了人。然而与地狱不同的是，每个人都是满脸红光，精神焕发，十分愉快。教士不解地问神：“为什么天堂里的人这么快乐，而地狱的人却愁眉不展啊？”

神回答说：“你没看到呀。这里的人用长柄的勺子从锅里舀出饭来，不是先急着自己享用，而是喂给别人吃同样的事情只是改变了一下思维和心态，不就很容易地解决了勺柄过长的问题了吗？难题破解了，大家都能有饭吃，所以自然就会过得快乐了。”

这是一个非常经典的故事，相信许多人都听到过。天堂和地狱之间最大的区别就在于能不能、会不会、愿不愿与别人合作。如果能，那么你就处在天堂，如果不能，非要成为“独行侠”的话，那么你就是在地狱。

所以，要想自己所在的职场环境犹如“天堂”一般，你就要先伸出手，先去把勺子送到他人的面前，去帮助他人，也只有这样，才能够得到他人伸出的“勺子”，或者说他人的“勺子”才会伸向你。先要给予才能有所得，先要伸手帮助他人，才会有帮助的手伸向你。

有这样一位果农，他培植了一种皮薄、肉厚、汁甜而少虫害的新果子。在收获的时候，引来不少果贩的纷纷购买，使得这位果农发了大财，顿时增加了不少的财富。

当地不少人看到他的成功，都羡慕不已，也想借用他的种子来种果子。但是这位果农认为物以稀为贵，其他人也种这种果子将会影响自己的生意，所以还是自己独享成功的喜悦为好，于是全部都拒绝了。

其他人没有办法，只好到别处去买种子。可是到了第二年果子成熟季节时，这位果农的果子质量大大下降了，果贩们也就都摇头不买他的果子了。

这位果农伤透了脑筋，只好降价处理了，也就是这样他几乎把第一年赚的钱又都赔了进去，这下他可急了。

为了弄清楚产生这种现象的原因，果农就来到城里，找专家咨询。专家听完了之后告诉他：“由于附近种的都是旧品种果子，唯有你的是改良品种，所以，开花时经蜜蜂、蝴蝶和风的传播，把你的品种和旧品种杂交了，当然你的果子就变质了。”

“那可怎么办？”果农急切地问。

“那还不好办？只要把你的好品种分给大家共同来种，不就行了。”

于是果农立即按照专家说的办了。一年后，大家都获得了丰收，个个都喜笑颜开。

故事中的这位果农自以为能够独享财富，岂料独享的时间就那么短暂，而且还带有毁灭性的后果。后来，他在专家的建议下把改良的品种分给大家来种，不仅自己获得了财富，也帮助别人获得了财富，大家好了，他才好了。

而这样的事情也同样适用于职场之中。帮助周围的同事，让他们的工作效率更高，让他们的业绩提升，你自己的薪水不就也会增加了吗？如果只有一个人获得成绩、获得赞扬，不仅会遭到他人的嫉妒，还可能因为太过张扬而影响自己的未来职场前途。

因此，优秀的员工，不能太过张扬，不能成为“独行侠”，不能占有全部的功劳和赞扬，要学会与他人分享。就如广告中所述：大家好，才是真的好。

英特尔公司总裁兼首席行政官安德鲁·格罗夫说：“一个企业，一个政府以及人类社会的大多数组织活动不但是由单个的人参与的，更是由一定的团体集体行动完成的。”

松下幸之助先生说：“松下不能缺少的精神就是协作，协作使松下成为一个有战斗力的团队。”

卡耐基先生说：“放弃协作，就等于自动向竞争对手认输。”

这些成功的人士都在不断强调团结、协作，可见在现在的职场中，拥有团结精神的员工，拥有协作能力的员工才是真正优秀的员工，而“独行侠”永远不可能成为优秀的员工。所以，你还在等什么，尽快让自己成为拥有团结精神、拥有协作能力的员工吧！

【职场真理】

朗讯CEO鲁索先生说：“协作对于今天的企业而言，就是生命。没有协作精神的员工会对企业极不负责任。”

4

永远站在公司的立场考虑问题

身在职场，任何时候都要站在公司的立场去思考问题。

职场中，很多人，不受公司欢迎、甚至会被老板“请出去”。除了能力因素之外，还有一点非常重要，那就是他们没有站在公司的立场去思考一些问题，而是抱着“我只不过为公司工作”的想法，在工作中自以为是，只考虑自己的利益，不考虑公司的利益。

要明白，你既然进入了公司，为这个公司工作，那么你就是这个公司的一员，这种身份决定你必须时刻站在公司的角度去思考。

身份决定立场，公司里卓越的员工，不只把自己当成一个打工者，而是把自己当老板，因此，任何时候他们都会站在公司的立场思考问题，为公司的发展贡献自己的力量。因为他知道，自己不仅在为公司工作，更是在为自己工作。

张丛从某大学经济管理系本科毕业时，按照自己的兴趣和专业，他从 4 个工作机会中选择当一家化妆品公司的董事长助理。

刚开始进入这个行业的时候，他经常听到有人在抱怨：工作无聊、浪费时间、工作难做、产品不好卖……甚至在交接工作的第一天，前任助理就告诉张丛：“你在这里简直就是浪费时间，我劝你还是趁年轻，多出去闯闯吧，在这里一点前途都没有！”

前任助理这么说从表面上看也有道理，毕竟助理的任务就是收发公文、做会议记录、安排董事长的行程，简单地说就是打杂。一个大学本科毕业生来打杂，似乎确实有点屈才。渐渐地，在前任助理的“教育指导”之下，张丛慢慢地也开始抱怨这份工作，甚至还有几次因为不小心，将文件弄错，幸好在同事的帮忙之下，才没有造成多大的损失。

张丛的这种转变，被办公室的另一位老同志看在眼里。在一次午餐的时候，这位老同志告诉张丛："小伙子，你还年轻，需要学习的东西还很多，虽然你现在做的是打杂的活，但是你每天接触公司的决策文件，可以看出董事长批公文的思路。一场场会议记录可以让你见识到企业如何经营、决策如何产生。这些思维将会对你以后的工作产生巨大的影响……"

同样的工作，在不同人的眼中，却有天壤之别。张丛很快意识到了自己的问题，他很快调整了自己的立场，站在公司的立场去思考问题，最后他说："再没意思的工作，如果用老板的眼光来看待，就能看出价值所在。"当年的那个前任助理不知际遇如何，但张丛已经成为一家年盈利超过1000万元的公司老总。一个初出茅庐的毛头小伙，就是因为站在老板的角度看世界，奠定了他日后成就的基础。

工作出现失误的时候，很多人都会不以为然地自嘲说："我又不是老板，这个公司又不是我的，我只是个打工的，犯不着和自己较劲儿。"

我们暂且不管到底是因为职场人的这种心态导致工作失误频频发生，还是因为工作错误频频发生而导致了这种心态。但是有一点还是可以肯定的：这些人把自己排除在了公司之外！因为虽然他在这个公司工作，但是从心理上他们并不认同自己是公司一员的说法，在他们的心目中，公司唯一一个成员就是老板，也只有老板才会为公司的利益考虑，才会站在公司的角度为公司着想。

很显然，这种人的思维是错误的，要在一个公司获得发展，首先就应该站在公司的立场上去思考。怎样才能做到呢？以下几点供您参考。

(1)不浪费公司资源

如果你对公司充满抱怨，我建议你从公司的角度看待问题，你便会发现，你的抱怨会减少，甚至不再抱怨。那么如何才能做到这一点呢？很简单，从减少公司的支出、不浪费公司的资源开始。这些资源可以是一张复印纸、一个一次性的纸杯、一个文件夹，甚至是一度电、一个灯泡。要知道，如果大家每天都去浪费一点公司的资源，那么一年下来，就给公司浪费了一大笔的资产，要知道这些资产就是公司效益的一部分。

(2)消除或者减少与公司的对立情绪

无论在哪个公司，其实只有两种人，一种是员工，另一种就是老板。这种身份的对立在很大程度上引发了其他方面的对立。比如，员工常常会发出抱怨，抱怨在工作的过程中不是自己付出太多回报太少，就是觉得自己付出的是好心，但老板却觉得那是"驴肝肺"。在员工眼中老板不是不近人情的剥削者，就是眼里看到的只是金钱、凡事斤斤计较的吝啬鬼。

这种对立的情绪使得很多工作难以进行下去，或者说难以圆满地完成。那么如何解决这个问题呢？最好的办法就是消除或者减少与公司、老板的对立情绪，要知道你和老板应该是站在同一战线之上的。

(3)做好自我定位

当很多职场人士在抱怨自己的公司、老板的时候表现得很是狂妄自大，根本就不知道自己是谁，站在老板、公司的角度去换位思考的人更是寥寥无几。那么对于职场人士来说，公司意味着什么？老板意味着什么呢？有人认为：员工是老板的衣食父母，员工是公司的顶梁柱。事实上，公司才是员工的衣食父母。因为公司可以没有你这个员工，但是很多时候你却不能没有这个公司。

(4)多看看老板是怎么做的

其实很多职场人士在抱怨老板的时候忘记了一个事实：老板自己是怎么做的。比如说职场人士在抱怨工作环境不好、条件不完善、夏天不开空调、伙食太差的时候，不妨转过头看看老板自己是怎么做的。看到很多以宝马代步的老板，他们每天吃在工厂、睡在办公室；下班了，员工都走了，而他们还在挑灯夜战；放假时，员工都去玩、去和家人团聚了，但他们依然不舍得离开——他们到底为了什么？答案是为了公司，为了全体员工。

(5)将公司利益和自我利益挂钩

说起将公司的利益和自我利益挂钩，可能很多职场人都会觉得不以为然，凭什么公司的利益就能和自己的利益挂钩呢？

那么有一系列的问题就出来了：

如果你想获得高薪，必要条件是什么？不是你的工作业绩、不是你的努力，而是公司有足够的能力来承担你的薪水；

如果你服务的公司陷于破产的境地，最大的受害者是谁？不是老板，不是客户，而是员工；

如果老板想要提携一名员工，他会首先选择谁？不是表面上看起来兢兢业业，而实际上敷衍了事的人，也不会是表面上不以为然，而暗地里在刻苦努力的人，而是那些时刻将公司利益和自我利益挂钩的人。因为只有最后一种人，才能时时刻刻站在公司的角度为公司考虑。

【职场真理】

在一个公司工作，就好比在一个家庭生活。我们的身份决定了在遇到事情的时候，要善于站在公司的立场上去看、去思考。

5 只要有利于公司发展，就立刻去做

把公司的利益放在首位，只要是有利于公司发展的事，优秀的员工都会责无旁贷地去做。

我们所服务的公司究竟是谁的？

对于这样的问题，普通员工和优秀员工有着截然不同的两种答案，普通的员工说："公司当然是老板的，与我有什么关系？"而优秀员工的回答肯定是："公司是老板的，也是我们的。"事实上，在职场中那些能获得不断发展的优秀员工，就是因为他们在工作中自始至终都做到了这一点。

小张是某火锅店的服务员，他因为平时工作表现好，曾多次被评为最佳店员。

有一次，这家火锅店发生了一起意外事件，一位顾客在进餐时突然倒地，四肢抽搐，口吐唾沫，众人纷纷怀疑是食物中毒，甚至有人拿出电话通知报社和电视台。在这关键时刻，小李镇定自若，一方面指挥其他店员打急救电话，一方面竭力安抚顾客，保证不是食物中毒。他告诉大家，食物绝对没有毒，并当场吃下很多饭菜。为了防止谣言扩散，他还请求大家等待急救车的到来，由医生评判。

不久，急救车过来了，经验丰富的医生告诉大家，所谓“中毒”顾客实际上是癫痫病发作，大家尽可放心。一场危机就这样过去了。

在危机面前，这位员工并没有置身事外看热闹，而是本着公司的事就是自己的事的原则，勇敢而机智地避免了一场危机，受到了公司领导和同事的一致赞扬。

只要你是公司的员工，你就是公司的主人。在公司，你必须和公司共命运，你必须和其他的员工同舟共济、乘风破浪，驶向你们共同的港湾。如果你把自己当成看客，那么，对待工作的态度就会发生根本性的变化。一旦公司出现问题，你首先想到的是自己如何逃避责任，而不是想办法解决问题、克服困难，帮助公司度过危机。

优秀的员工，总是把公司的事当成自己的事.处处维护公司利益和荣誉，不会投机取巧，遇到问题不会拖延找借口，不会抱怨不断，他们总是勇于承担自己的责任，将个人发展目标与公司发展远景相融合。

历任微软副总裁和Google中国区总裁等职的李开复，初入职场时，曾经在苹果公司担任技术工程师。有一段时间，公司经营状况极为不佳，员工士气也比较低落，如果不立刻找到突破口，只会使问题越来越严重。

这些问题本应该由市场部来解决，并不在李开复的工作范围之内。但是李开复却认为作为苹果公司的一员，应该主动帮助公司去解决问题，应该把公司的事当成自己的事。

他时刻琢磨这事，积极地为公司出谋划策，帮助公司度过难关。一天，他发现苹果公司有许多很好的多媒体技术，可是因为没有用户界面设计领域的专家介入，这些技术无法形成简便、易用的软件产品。想到这，他非常兴奋："这不正是一个问题的突破口吗?"

找到这个关键因素，他立即写了一份题为《如何通过互动式多媒体再现苹果昔日辉煌》的报告。苹果公司副总裁看过报告后，一致决定采纳李开复的意见，而且非常赞赏他的做法，很快他被提升为媒体部门的总监。结果，苹果公司平安地度过了这次危机。

多年后，李开复遇到了一位当年在苹果公司的上司，上司感慨地对他说："如果不是那份报告，公司就很可能错过了在多媒体方面的发展机会，今天，苹果公司的数字音乐可以领先市场，也有你那份报告的功劳啊!"

其实，任何一名员工，都应该像李开复这样，永远把公司的事当成自己的事来解决。优秀员工就是这样的，他们遇到问题时，会以"当仁不让"的心态，尽快去解决，而不应当抱着"事不关己，高高挂起"的态度将问题留给别人处理。

李伟高中毕业后随哥哥到南方打工。

李伟和哥哥在码头的一个仓库负责缝补篷布。李伟很能干，做的活儿也精细，每次做完活儿，都会把别人丢弃的线头碎布随手拾起来，留作备用。

一天夜里，暴风雨骤起，李伟从床上爬起来，拿起手电筒就冲到大雨中。哥哥劝不住他，骂他是个傻瓜。

在露天仓库里，李伟查看了一个又一个货堆，加固被掀起的篷布。这时候老板正好开车过来，看到李伟已经被淋透了。

当老板看到货物完好无损时，当场表示给李伟加薪。李伟说："不用了，我只是看看我缝补的篷布结不结实，再说，我就住在仓库旁，顺便看看货物只不过是举手之劳。"

老板见他如此诚实，如此有责任心，就让他到自己的另一个公司当经理。

这家公司刚开张，需要招聘几个文化程度高的大学毕业生当业务员。李伟的哥哥跑来，说："给我弄个好差使干干。"李伟深知哥哥的品性，就说："你不行。"哥哥说："看大门也不行吗？"李伟说："不行，因为你不会把工作当成自己家的事干。"哥哥说他："真傻，这又不是你自己的公司！"临走时，哥哥说李伟没良心，李伟却说："只有把公司当成是自己开的公司，才能把事情干好，才算有良心。"

几年后，李伟成了一家公司的总裁，他哥哥却还在码头上替人缝补篷布。

一个能把公司的事当成自己的事来干的员工，当他面临困难和挑战时，他会迸发出比以往强大若干倍的能力和勇气。因为他知道，很可能他的胆怯和逃避会让公司蒙受巨大的损失，只有勇敢面对，才能真正担当起责任，不让公司遭受损失。

只要你是公司的员工，你就是公司这条船的主人，你必须以主人的心态来管理这条船，而不是以一个"乘客"的心态来渡过人生的浩瀚大海。

我们应该明白这样一个道理：把公司的事当成自己的事，我们不仅能从工作中得到乐趣，而且能从工作中获得成就感。

【职场真理】

把公司的事当成是自己的事，我们便会从被动变成主动，自动自发地做好与公司有关的任何事。

6

拒绝平庸，用行动铸就卓越

一个真正拥有吃苦耐劳精神、争当优秀的员工从来都不会拖延，而是会以积极地行动来证明自己对公司的忠诚。

沙莉·柏格说："成功的秘诀在于开始着手。"成功其实很简单，只要你立即行动起来，着手去做。不开始行动，总是拖延，永远也不会取得成就。拖延是最具破坏性、最危险的恶习，它会使人终日懒散而无所事事。很多年轻人，恐惧困难，懒于行动，把事情一拖再拖，最终后果是：丧失了主动的进取心。

有一次，西门子公司总裁和他的一位副手到公司各部门巡视工作。到达一个西门子销售点时，总裁看见告示牌上公布的冰箱价格还是一个月以前的，并没有按照总部指令向消费者公布下调 50 马克，总裁非常生气。

他立即找来销售点的主管，他指着报价牌大声说道："你大概还熟睡在上个月的梦里吧！要知道，你的拖延已经给我们公司造成很大的损失，因为我们收取的单价比我们公布的单价高出了 50 马克，我们的客户完全可以在柏林的很多场合，对西门子公司的管理水平提出质疑。"

意识到自己犯了相当大的错误，主管连忙说道："是的，我立刻去办。"

看见告示牌上的冰箱价格得到更正以后，总裁面带微笑说："如果我告诉你，你的裤子后面已经破了一个大洞，而你却不立刻拿去修补或更换，那么，当众出丑的只有你自己。

西门子的总裁告诉我们，无论何时，都应该把立即行动作为你的信条。“绝不将任何事情拖延”，这是严格的军人准则，也是我们每个人都需要的准则。然而，时下有一些员工对待工作总是喜欢拖延，虽然他们每天都按时上下班，显得格外的忙碌，并且一个劲儿喊累，但是在工作的这段时间内的效率却令人不敢恭维。

我们应该养成立即行动的好习惯，否则无法成就大事。把握住现在的瞬间，从现在开始做起，只有勇敢的人身上才会富有天才、能力和魅力。有些年轻人总喜欢找各种借口拖延，比如说，现在我的情绪不好，等心情好了再去做也不迟；现在我没有时间，等时间充裕了再去完成这件事；这件事不太容易完成，还是先放一放吧。殊不知，时间和机会一闪即逝，当你真的下定决心开始做某事时，你已经没有机会了。

世界织布业的巨头之一威尔福莱特·康，在他为事业奋斗了大半辈子，别人都认为他已功成名就时，他却感觉到自己生活中缺了点什么东西，他想起了自己儿时的梦想——画画。

小时候，他曾梦想成为一名画家，但出于种种原因，他已经数十年未能拿起画笔了。现在去学画画还来得及吗？能抽出时间吗？思前想后，他决心要圆这个梦想，计划每天从百忙中抽出一个小时来安心画画。

威尔福莱特·康是个有毅力的人，他真的坚持了下来。多年以后他在画画上也得到了不菲的回报——多次成功举办个人画展，油画作品受到人们喜爱。威尔福莱特·康谈起自己在画画上的成功时说，“过去我很想画画，但从未学过油画，我曾不敢相信自己花了力气会有很大的收获。记得富兰克林·费尔德精辟地说过这么一句话：‘成功与失败的分水岭可以用这几个字来表达——我没有时间。’当我决定学油画时，我想我应该能做到每天抽一小时来画画。”

作为一个大企业的负责人，要做到这一点是很不容易的。威尔福莱特·康为了保证这一小时不受干扰，唯一的办法就是每天早晨5点前就起床，一直画到吃早饭。威尔福莱特·康后来回忆说，“其实那并不算苦，一旦我决定每天在这一小时里学画，每天清晨这个时候，渴望和追求就会把我唤醒，怎么也不想再睡了。”

拖延说到底是一种坏习惯，要克服拖延的习惯，一定要树立“立刻行动”的时间观念。从一定意义来说，昨天已经过去，明天还未来临，只有今天可以使用。我们取得的一切结果都是今天的产物，所以你必须清楚，今天对我最重要，一旦决定就要马上行动，做到“今日事，今日毕”，不要再安排到明天。

以下是成就出众的人用来克服拖延的五种方法，希望对你有所帮助。

(1)建立短期目标

首先选择一项短期目标，为自己订一个十分钟的目标，然后在接下来的十分钟内做一些会让你更接近目标的事情。假如十分钟的目标对你来说太艰巨，那就设立五分钟的目标，并遵循同样的程序。再不然就选择一个一分钟的目标，或者是只牵涉一个动作的目标！像是拿起一支笔，再拿出一些纸，然后就开始书写。任何程度的决心都会创造动力，而且一旦你下定决心采取行动时，那股动力便会鞭策你继续前行。

当你想拖延时，你就开始做些别的事——任何事都可以用来克服拖延。这是让你继续向前迈进的动力来源。只要持续动作，便有可能完成许多事情。在物理学的领域中有一法则叫做牛顿第一运动定律，指运动的物体存在一定的惯性，而这定律也适用于人类行为，只要你采取行动，你便会发现持续行动十分容易。

放手去做吧！实时的行动成果会为你带来成功的动力。

(2)建立时间有限的观念

让自己行动的第二个方法就是建立时间有限的观念。市场商人在促销时都会定一个最后期限，来诱发客户立即行动。你也可以这么做，就是为自己设定一个人为的最后期限，想想看你想要完成什么。

你可以想象你只剩一年的生命，说服自己这是真的，将它化做激励你前进的动力。如果没有效果，就把时间缩短至六个月，或者只剩一个月。我们都无法得知什么时候生命会结束，这样的不确定性让我们以为自己生命相当短暂，请随时保持时间有限的心态，把握今天，掌握当前，立即行动！

(3)固定的行动时间

选定一段固定的行动时间，把每一天或每个星期中的一段时间空下来，或许只是一小时，专注在达成目标上，其他什么事都不要做。别让任何人或任何事阻挡你在这段时间达到目标。你将发现这一段时间在帮助你持续迈向目标。

许多有成就的人会在固定的行动时间内专注于特定的目标。有一位经理因为没有固定时间审视投资而痛苦，后来他决定每天空出30分钟专门做那件事，也就是每个下午从三点到三点半。没几个月，他投资组合的面值大幅成长。他说每天那30分钟的投资是他做过的最成功的投资。不管你的目标是什么，设定一段固定的行动时间将帮助你达成目标。

(4)求助

让自己行动的第四个方法就是向信任的人寻求帮助。而一旦你获得动力之后，请继续向前迈进，或者你可以要求某人持续地帮助你，像要求好朋友每周固定询问你计划的进度，或者也可以要求你爱的人在你开始懈怠的时候温柔地提醒你继续行动。不过请避免与不相干的人过度讨论你的目标，过度讨论目标而不积极追求会动摇你的决心并延缓进度。

每一个富有成效的想法都包含了可以用来达成目标的精力，成功人士会当场捕捉这样的能量，并加以运用。当某种想法或决定浮现于脑海时，他们会当场做出正面的响应，并且善加利用该想法中所蕴含的能量。当你想到富有成效的点子时，请把握住那一刻，利用你所感觉到的能量来提升自我，马上朝目标跃进。一旦拖延，那股能量便将永远消逝。

(5)利用外在刺激

倘若上述四种方法还无法让你行动，那么就试试励志言语的力量吧！言语内含能量，它是我们用来将内心想法转换成具体行动的工具。

【职场真理】

无论执行的是什么样的工作任务，我们都应全力以赴用心做好它。一旦养成了拖延的习惯，就会在无形中丧失掉自己的执行力，就会给自己的工作带来巨大的影响。

7

用高尚的职业道德成就自我

良好的职业道德是我们从普通走向优秀的肥沃土壤。

在职场之中,虽然不同的职业有着不同的职责范围,但是不管是哪一种职业都有一个共同点,那就是要求从事此工作的员工有着良好的职业道德。但是,现在有一些人,利用各种借口和机会,为了获得一己之利而丢弃掉了职业道德,这对优秀的员工来说是绝对不会发生的。因为,他们知道如果在职场之中丢失了职业道德,结果必然会害人害己。

下面的例子就说明了这一点:

莉莉在一家公司的公关部当部门经理,薪水并不算低。只是今年在金融危机的影响下,公司效益有所下降,并且半年多过去了,一次都没有调薪,而在往年,基本上都是每一个季度调薪一次。这使得她年内购房买车的计划成为水中月镜中花,因此她一直在琢磨怎样挣"外快"。

在生意日渐凋零、加薪无望的情况下,经过再三的思考,莉莉终于想到了一条生财之道。她先是利用工作的轻松和独自一个办公室的机会,给旅行社拉客拿回扣,但是由于她是偷偷摸摸,再加上时间有限,她的收入并没有增加多少,这让她越发地焦急起来。

后来终于找到了一个机会。

莉莉的一个朋友——文慧,她跳槽到对手公司做销售,两个人闲聊时文慧提起自己正在跟进一个项目，让莉莉给侦察一下他们公司报多少价，并向莉莉许诺：如若成功，必定少不了她的好处费。

听完后，莉莉犹豫了一下，说："这可不行，如果被公司知道了。自己将'死无葬身之地'"。

文慧见她犹豫，就知道有成功的机会，于是继续游说："反正没有人知道咱们的关系，即使泄了密，公司也会从销售部查起，离你的公关部还差十万八千里呢，你又怕什么？"

莉莉想来想去，觉得这个生财的主意是个好主意，可以实行。于是她先后几次将公司的机密信息传给文慧，从中获得了巨大的好处费。她自以为自己这样做神不知鬼不觉，却没想到同事小婷的同学和文慧在一个公司做事，在一次无意的谈话中，泄露了莉莉的天机。

年底的时候，当其他的管理人员高高兴兴地拿到老板签发的加薪通知书的时候，当每个人的脸上都洋溢着笑容的时候，莉莉拿到的却是一张解雇通知书。

其实如果不是出现这种情况，现在的她手里拿到的应该是分公司经理的调令。

是什么阻挡了故事中主人公的成功之路呢？是她的心浮气躁，是她的利欲熏心，是她只看到了自己眼前的小小利益，也就是她愚蠢地自己选择关闭了自己成功的大门。可见，想要获得成功，职业道德丢不得，弃不了。丢弃了职业道德就是丢了自己，丢弃了自己工作，自己的职业，自己的成功。

或者有人会说："现在社会，那些所谓的道德只是说说，对于自己来说一点用处都没有，还不如去'捞'点能拿在手上的东西更实在。"如果你真是这样想的话，就是大错特错。要知道，只有拥有优秀道德品质的人，才会得到更多的升职机会，才能获得同事们真正的尊重，才能获得真正的成功。

瑞比原来是一家公司的技术总监，但是由于公司经营方针的改变，使得他觉得自己已经不再适合这家公司了，于是决定换一份工作。

因为瑞比有丰富的经验和能力，在此行有一定的影响，并且他原来的公司本来就实力强劲，所以以这些优势，他找份工作并不是件困难的事情。

其实有很多家企业早就盯上他了，以前曾试图挖走瑞比，但是都没成功，而这一次，是瑞比自己选择了离开。于是“这真是一次绝佳的机会。”在这样的思想下，很多公司都抛出了令人心动的条件，但是却都在优厚条件的背后总是隐藏着一些东西。

凭借多年的职场经验，瑞比自然知道他们的目的，但是他不能因为优厚的条件就背弃自己一贯的原则和道德，所以瑞比拒绝了很多家公司对他的邀请和优厚条件。

终于在众多的“橄榄枝”之中，他选择到一家大型的企业去应聘技术总监，因为这家企业在全美乃至全世界都有相当大的影响力，很多业内人士都希望能到这家公司来工作，而这也是他的希望。

对瑞比进行面试的是该企业的人力资源部主管和负责技术方面工作的副总裁。对瑞比的专业能力他们并无挑剔，但是他们提到了一个使瑞比很失望的问题。

“我们很欢迎你到我们公司来工作，你的能力和资历都非常不错。我听说你以前所在公司正在着手开发一个新的适用于大型企业的财务应用软件，据说你提了很多非常有价值的建议，我们公司也在策划这方面的工作，能否透露一些你原来公司的情况，你知道这对我们很重要，而且这也是我们为什么看中你的一个原因。请原谅我说得这么直白。”副总裁当着瑞比的面，直接这样说。

听完这话，瑞比站了起来直视着他说：“你们问我的这个问题令我很失望，看来市场竞争的确需要一些非正常的手段。不过，我也要令你们失望了。对不起，我有义务忠诚于我的企业，即使我已经离开,到任何时候我都必须这么做。与获得这份工作相比,做人的准则对来说我更重要。”说完毫不客气的转身就离开了。

瑞比的朋友们听说这件事后都纷纷替他惋惜,因为能到这家企业工作是很多人的梦想。但瑞比对此并没有觉得可惜,他为自己所做的一切感到坦然。

但是出乎意料的是,没过几天,瑞比就收到了来自这家所有人都梦寐以求的公司的一封信,信上写着:“瑞比先生:你被录用了,不仅仅因为你的专业能力,还有你做人的准则和职业道德。”

通过上面故事就可以知道,拥有高尚的职业道德不会成为你升值之路的“拦路虎”,而是成为你的“加速器”,因为职业道德是成为优秀员工的基本条件,是能够承担重任的基础。如果失去了职业道德员工,就失去了职场的位置。

所以,优秀的员工决不能因为一时的冲动而自毁前程,不要因为一时的利益而放弃职业道德,只有放弃个人利益的时候,才能获得更高的、更多的利益。

深圳有一位来自农村的妇女,因为文化程度不是很高,她起初的时候给人当保姆,后来便到街头开始摆小摊儿。她坚持卖一个胶卷只赚一角钱。因为她认死理,一个胶卷永远只赚一角,以后的生意就越做越大,现在她开了一家摄影器材店,但还是一个胶卷赚一角:市场上一个柯达胶卷卖23元,她卖16元1角,批发量大得惊人,就是这样,深圳搞摄影的没有不知道她的。外地人的钱包丢在她那儿了,她花了很多长途电话费才找到失主;有时候算错账多收了人家的钱,她还会心急火燎找到人家还钱;听起来像雷锋,可赚的钱不得了。在深圳,不管是多么牛气的摄影商,也得乖乖地去她那里拿货。

这里还有一个类似的例子。

据说有个砂石老板,没有文化,也绝对没有背景,但生意却出奇的好,而且历经多年,长盛不衰。说起来他的秘诀也很简单，就是与每个合作者分利的时候，他都只拿小头，把大头让给对方。这样一来，凡是与他合作过一次的人，都愿意与他继续合作，而且还会介绍一些朋友，再扩大到朋友的朋友，也都成了他的客户。人人都说他好，因为他只拿小头，但所有人的小头集中起来，就成了最大的大头，他才是真正的赢家。

由此可见，只是注重眼前的小利益就会失去更大、更多的利益。所以，优秀的员工不能只是看到眼前的小利益，就丢失自己的职业道德，因为那样对你而言，损失更大。

想要在职场中获得成功，必须拥有高尚的职业道德，利欲熏心不可以，急功近利也是不行的，因为这两者都容易让你在面对利益的时候鬼迷心窍，丧失职业道德。所以在平时，优秀的员工就要严格要求自己，对自己的工作认真负责，把公司的利益放在个人利益之前，不做任何有违职业道德的事情。

【职场真理】

在变幻莫测的职场环境中，优秀员工只有把职业道德铭记心中，融于行动，才能承担起应有的责任，发挥不怕苦不怕累的精神，把工作做得更好。

附 录

你是否拥有吃苦耐劳、争做优秀的精神

一点没错，在现今的环境中，只有发扬吃苦耐劳，争做优秀的精神，我们才能将工作做得更好，才能为企业的发展奉献出应有的力量，并获得个人的成长与发展。现在，我们不妨做一个小测试，来看看自己是否拥有这样的精神。

1. 如果领导交给你一项有一定规格要求和时间限制的工作，你最常用的一种做法是（　　）。

(A) 按照有关要求，利用工作时间，按时完成

(B) 为了把这项工作做得更完美，不惜花费自己的业余时间，并按时完成

(C) 等领导催问工作进展时，再赶紧去做，并按时完成

(D) 为了把这项工作做得更完美，宁可多花费时间，晚一些完成

2. 员工小张一贯准时上班，但在一次上班途中，突遇倾盆大雨而迟到了，你认可以下哪些做法（　　）？

A. 小张虽然违犯了公司规定，但事出有因，情有可原，可以理解

B. 应该严格按照公司规定，处理小张

C. 给予小张口头批评

D. 偶然一次，应该谅解

3. 某公司没有专门的保洁人员，也没有制定打扫卫生的轮值制度，办公室的卫生由公司职员自己打扫，如果你是该公司职员 ，你会采取哪一种做法（　　）。

A. 上班后，看有没有人做卫生，如果没人做，就自己做

B. 不管别人做不做，自己都做

C. 如果公司有比自己年轻的同事，可以让他们去做

D. 等领导安排自己做的时候再做

参考答案：

1. B　2. B　3. A

对于上面的问题，你会做出什么样的选择呢？所选择的答案是不是跟所给出的答案一样呢？如果一样，那么就恭喜你，因为你真的是一个具有吃苦精神、争做优秀的员工。否则的话，你就有所欠缺，需要多加注意。

生活小贴士

生活好习惯

进入新的单位，换了新的工作，甚至季节改变，都可能影响你的饮食习惯。不过，无论环境如何改变，只要你雷打不动地坚持以下15个小习惯，健康就不会离你远去。

1. 复合维生素早饭后吃。研究表明，补充适合自己的复合维生素对身体健康大有裨益。那么，为什么要在早饭后吃呢？一来它可以提供人体一天所需，让你有精力投入工作学习，二来不至于给肾脏造成过大负担。

2. 每餐之前喝两杯水。这样做就能保持身体一直处于“水当当”的状态，还能控制食量。荷兰一项研究显示，饭前喝两杯水能减少饥饿感和食物摄入量，从而起到减肥的作用。

3. 把咖啡加在牛奶里，而不是把牛奶加在咖啡里。早起的第一件事，就是在杯子里倒满脱脂奶。然后喝掉1/5，再用咖啡把它填满。这样，你就能摄入人体每天所需的25%的维生素D和30%的钙。

4. 吃完快餐喝一大杯水。快餐里的热量和盐一般都严重超标，虽然我们拿吃进肚子里的脂肪没办法，但一大杯水可以帮我们稀释体内钠的浓度，让我们离高血压远一点。

5. 不放弃每一个吃洋葱的机会。很多人吃菜时会小心翼翼地把洋葱挑出来，唯恐避之不及。这就大错特错了。洋葱含有大量保护心脏的类黄酮，因此，吃洋葱应该成为我们的责任。尤其在吃烤肉这样不怎么健康的食品时，里面的洋葱就是你的“救命草”。

6. 有条件的话，用凉水泡红茶。最近美国农业部研究发现，与青菜或胡萝卜相比，一份红茶中含有更多的抗氧化物质，它可以有效帮助你抵抗皱纹或癌症的侵扰。凉水可使茶中的有益物质在不被破坏的情况下，慢慢溶出，你所要做的只是多等待一会儿。

7. 下午三点，准时加餐。也许赖床可以成为你不吃早餐的理由，但下午三点的加餐就不能用任何借口推托了。在午餐和晚餐之间补充营养，可以帮你度过一天中最疲劳的时期。酸奶、水果、饼干都是不错的选择。

8. 橘子带着“白丝”吃。很多人吃橘子时都会把橘子上的“白丝”剥掉。其实,这里面含有丰富的黄酮类物质,对身体大有裨益。苦中带甜的口味,仔细品尝其实并不差。

9. 每天订个喝水任务量。忙碌的工作会让你在口干舌燥时,才想起一上午都没喝水。在办公桌上准备一个1.5升的大瓶子,把一天要喝的水倒在里面,给自己规定喝完才能下班。

10. 买水果时拿不定主意,就选深色的那种。虽说水果的外观五花八门,但要衡量健康性,深色水果肯定更胜一筹,因为里面含有更多的抗氧化剂。当你摇摆不定时,选择李子、乌梅这类黑色的水果准没错。

11. 用热水漂洗肉块。在切块的肉上铺一层厚纸巾,可以吸收油脂。如果你想去得更干净,可以把肉块放在漏勺里,用热水漂洗。使用这种方法,可以去掉大约一半的脂肪。

12. 把拌凉菜改为蘸凉菜。不是只有烤肉热量高,酱汁一样会给原本健康的凉拌菜带来不少热量。所以,把调好的酱汁放在一个小碗里,用切好的菜蘸着吃,这样,你需要的酱汁只是原来的1/6。

13. 有些“素”菜要“荤”着吃。油吃多了不好,但一点不吃更不好。南瓜、胡萝卜中含有大量的β—胡萝卜素,因此不能吃得太清淡。用油炒或凉拌都可以,如果南瓜用来煮粥,那么保证其他菜里有油,让它们到肠胃里会合。

14. 晚餐更要打好脂肪保卫战。有些人早餐、午餐不吃含脂肪食物,认为晚餐多吃含脂肪食物,这种想法是错误的。研究表明,在一顿饭摄入50～80克脂肪后的几个小时,血管弹性降低,血液凝血因子急剧上升。所以,即使白天吃得很清淡,也不要试图在晚上补偿自己。

15. 睡前吃些高纤维食品。麻省理工学院博士朱蒂斯·沃特曼说:“睡前半小时吃些低热量的碳水化合物零食有助于睡眠。”食用谷类食品是最简单的补充纤维的方法,而大多数人每天摄入的纤维量只有身体需要量(25～35克)的一半,所以,建议抓住睡前的最后时刻补充一下。